中华上下五千年

ZHONGHUASHANGXIAWUQIANNIAN

周泽刚　毛本栋 / 编

YUANFANG 远方出版社

图书在版编目(CIP)数据

中华上下五千年/周泽刚,毛本栋编.--呼和浩特:远方出版社,2019.1
(大视野阅读)
ISBN 978-7-5555-1082-6

Ⅰ.①中… Ⅱ.①毛… ②周… Ⅲ.①中国历史-青少年读物 Ⅳ.①K209

中国版本图书馆 CIP 数据核字(2018)第 034462 号

中华上下五千年
ZHONGHAU SHANGXIA QUQIANNIAN

编　　者　周泽刚　毛本栋
责任编辑　王　叶
责任校对　王　叶
封面设计　晴晨时代
出版发行　远方出版社
社　　址　呼和浩特市乌兰察布东路 666 号　　邮编 010010
电　　话　(0471)2236470 总编室　2236460 发行部
经　　销　新华书店
印　　刷　湖北画中画印刷有限公司
开　　本　170mm×240mm　　1/16
字　　数　218 千
印　　张　14
版　　次　2019 年 1 月第 1 版
印　　次　2019 年 5 月第 1 次印刷
标准书号　ISBN 978-7-5555-1082-6
定　　价　28.80 元

名著问答

一、《中华上下五千年》这本书是从什么时候写到什么时候?

答:本书上起古代神话传说,下至现代"五四运动",以时间为序,以人物和事件为主,纵横交错,脉络清晰,展现了中华五千年来的社会变迁、战争战事、风云人物、诗词歌赋、文学名著等,还向读者展示了圣人先哲的思想理论、华夏王朝的兴衰更替和金戈铁马的雄浑豪迈等,进而展示出他们个人的文治武功、计谋韬略和荣辱功过。

二、中华五千年的历史有什么特点?

答:五千年悠悠岁月,留下了绵延不绝的历史传承,成就的是一首大气天成的英雄赞歌,一首顽强抗争的劳动人民的赞歌,一首慷慨激昂、惩恶扬善的浩然正气之歌。五千年的沧桑巨变,五千年的兴衰成败,浩瀚的历史皆浓缩于一个个荡气回肠的故事中。

三、《中华上下五千年》这本书在写法上有什么特点?

答:本书以时间为经,以事件和人物为纬,穿针引线,纵横交织,从盘古开天辟地的传说开始,将中华上下五千年历史文化的精髓逐一展现,为读者提供了解历史的捷径。翔实的历史片断,精美的绘图,细腻的笔法,简洁的语言,亲切的文风,清晰地勾勒出历史事件的来龙去脉和历史人物的真伪善恶,使得本书成为名副其实的掌上历史博物馆。

本书不仅仅局限于历史,而且广泛涉及哲学、军事、艺术、教育等领域,展现了中华民族的许多优秀代表形象的思想家、政治家、军事家、文学家、科学家、艺术家和民族英雄、起义领袖,使本书从一般的历史性介绍上升到对中华文化各个层面的描写。

四、重温中华五千年历史有什么作用?

答:中华民族,上下五千年,英雄万万千。悠悠岁月,五千年沧海桑田,中华这个民族饱经风霜,却又繁衍生息千年不衰。中华民族向来以勤劳、勇敢、智慧闻名于世。我们的祖先,创造了灿烂的民族文化;我们民族的优秀代表，以他们的业绩和成就，在中华大地上演绎出了一幕幕激动人心的故事，一个个叱咤风云的人物，留下了许多可歌可泣的事迹，为民族的历史画卷增添了光彩。重温中华五千年历史，让我们每个炎黄子孙备感自豪。我们不仅要了解过去的历史，将来还要书写崭新的历史。

五、怎样在作文中运用历史故事？

答：1. 变换角度，写出新意。切忌原原本本照搬历史，因为这类故事很多都是大家所熟悉的，甚至前因后果都耳熟能详，再复述一遍，既无意义又招人厌倦。我们的目光不能紧紧盯着历史不放，我们的思维不能被生硬的历史所束缚，而应“思接千载，视通万里”，变换角度，在历史的骨架上展开大胆、丰富的联想或想象，增添一些史书上没有的但又合情合理的细节，从而使历史这具骨架血肉丰满、情思灵动。可以说，想象是历史故事类文章的生命，没有了想象，这种文章便成了干瘪的“死史”。

2. 变换形式，别具一格。可根据话题既定的中心，围绕故事材料进行直接改用，即直接依托故事本身的典型性，形成自己作文的优势，只是将故事材料的形式做必要的改用。如作文《从泪走到血——孙膑访谈手记》，以访谈手记的形式来演绎话题，摹拟现场采访，便于进行面对面的交流，有利于内容的铺展和话题的深入。

3. 放大细节，生动感人。细节描写是刻画人物形象的重要手段之一。如作文《昭君的选择》，就是选择了王昭君出塞这个古老而又凄美的题材。作者超越时空，大胆虚构，在行文中详细描写了“将扑火的蛾儿救出来”这个细节：“昭君拔下玉钗，挑弄灯芯，玉钗落地，断为两截，昭君的手剧烈地颤抖着。处于生死之交的蛾儿在飘转的火焰中狂乱地挣扎着，终于，像离弦的箭一般，冲出火海。昭君震惊了，若有所思地看着蛾儿。”通过情景的放大描写，过程交代明白，显示了王昭君的美好心灵，丰满了人物形象，也暗示了情节的陡转。

目录

盘古开天辟地

中华民族有着悠久的历史和灿烂的文化，五千年的积累与沉淀，为人们留下了许多美好的故事和传说。

在很久很久以前，宇宙像个大鸡蛋，一片混沌，里面没有光，没有声音。这时候，出现了一个盘古氏，他发现周围是无边的黑暗，于是，便用巨斧，把混沌彻底劈开了。轻的气向上飘浮，成了天，重的气向下沉去，成了地。天每日升高一丈，地每日增厚一丈，他的身体也每日长高一丈。这样过了一万八千年，天就很高很高，地就很厚很厚，盘古氏当然也成了顶天立地的巨人。

后来，盘古氏死了，他的脊椎化为擎天柱——不周山，左眼化为太阳，右眼化为月亮，须发化为繁星，血液化为江河，骨骼化为山脉，筋脉化为道路，肌肉化为田土，皮肤和汗毛化为花草树木，牙齿化为闪光的金属和圆润的玉石，呼吸化为了风，喊声化为了雷，泪水化为了甘霖雨露滋润着大地……一个美好的、生机勃勃的新世界诞生了！

这是人们一种美好的想象，是中国版的创世纪。正因有了人类始祖的无私奉献，才有了我们现在这个美好的世界。

这就是开天辟地的神话。它之所以千世万代亘(gèn)古不绝地流传，是因为它象征着人类挑战自然、征服自然的雄心和伟大的创造力。

那么，人类历史究竟应该从哪儿说起呢？人们从地下发掘出来的化石，证明人类最早的祖先是一种从古猿转变而来的猿人。

这是根据考古发现的科学推断，说明中国历史非常悠久，与前面的神话传说相映成趣。

我国最早的人类是在一百七十万年前出现的云南元谋人；随后的陕西蓝田人，是在八十万年前出现的；北京猿人也有四十万年到五十万年的历史了。1933年，在北京周口店龙骨山山洞里还发现了距今约一万八千年的山顶洞人。

山顶洞人过着群居的生活。他们的群居生活按照血系关系固定下来，同一个集体的成员都有着共同的祖先，叫作一个氏族。这样，人类社会就进入了氏族公社时期了。这就是生活在华夏大地上的原始人类。

黄帝大战蚩尤

大约在四千多年以前，我国黄河、长江流域一带住着许多氏族和部落。黄帝是传说中最有名的一个部落首领。他们为了生存、迁移、联盟，经常发生部落间、氏族间的纠纷或拼杀。

黄帝和炎帝是黄河中下游的两个较为强大的部落的首领，黄帝为轩辕(xuān yuán)氏，炎帝为神农氏。两个部落一为游牧，一为农耕，二者和平友好，休戚与共。

黄帝的部落最早居住在我国北方姜水附近，后来搬到涿(zhuō)鹿定居了下来。黄帝部落属于游牧民族，善田猎，骁(xiāo)勇善战。据说黄帝天性聪慧，小时候就通晓百事，辨别是非。人们推断他是天神降临人间，于是推举他做有熊氏的首领。由于他生长在姬水边，居住在轩辕，所以就以姬为姓，以轩辕为号，后来又被称为轩辕氏。

后来，炎帝的部落日渐衰落下来，由于多年从事农耕，所以不善作战。这时，有一个叫九黎的部落出现了，他们的首领名叫蚩尤(chī yóu)。据说，他们全是猛兽的身体，铜头铁额，吃的是沙石，凶猛无比。他们还制造刀戟(jǐ)弓弩(nǔ)各种各样的兵器，常常带领他的部落侵略别的部落。

一次，蚩尤率兵侵略炎帝的部落，炎帝带兵抵抗，却被蚩尤杀得一败涂地。炎帝逃到涿鹿请求黄帝相助。黄帝早就想除掉蚩尤，所以马上联合各部族，在涿鹿郊外与蚩尤部族展开了一场大战。

这些神话传说给黄帝战蚩尤的故事笼上了一层神秘色彩。

关于这场大战，有很多神话传说。据说，黄帝平时驯养了熊、罴(pí)、貔(pí)、貅(xiū)、貙(chū)、虎等凶猛的野兽，打仗的时候，他就把这些野兽放出来助战。蚩尤部族的士兵虽然凶猛，但遇到强大的联合部队，再加上训练有素的凶猛野兽，最终还是抵挡不住，落荒而逃。

黄帝带领兵士乘胜追杀，忽然天昏地黑，浓雾迷漫，狂风大作，雷电交加，使黄帝的兵士无法追赶。原来蚩尤请来了“风伯雨师”助战。黄帝也不甘示弱，请天女帮助，驱散了风雨。刹那之间，风止雨停，晴空万里，黄帝终于把蚩尤打败了。也有一种传说，说是蚩尤用妖术制造了一场大雾，使黄帝的兵士迷失了方向，为了改变这种被动的局面，黄帝踏上指南车，指挥士兵冲出了围困，顺着蚩尤逃跑的方向继续追击，最终打败了蚩尤。涿鹿之战后，黄帝得到众部族的拥护，成为了部落联盟的首领。

不管哪种传说，都揭示了正义最终都会战胜邪恶的道理。

传说中的黄帝时代，有许多发明创造，像造宫室、造车、造船、制作五色衣裳，等等，这些当然不会是一个人发明的，但是后来的人都把它们记在黄帝账上了。

传说黄帝有个妻子名叫嫘(léi)祖，她亲自参加劳动。本来，蚕只有野生的，人们还不知道蚕的用处，嫘祖教妇女养蚕、缫(sāo)丝、织帛。打那时候起，就有了丝和帛了。黄帝还有一个史官仓颉(jié)，创制过古代文字。我们没有见到过那个时期的文字，也没办法查考了。

这就是中国人称自己为炎黄子孙的由来。

中国古代的传说都十分推崇黄帝，后代的人都认为黄帝是华夏族的始祖，自己是黄帝的子孙。因为炎帝族和黄帝族原来是近亲，后来又融合在一起，所以我们也常常把自己称为炎黄子孙。

尧舜禅位

传说在黄帝之后，又相继出现了三个很有名的部落联盟首领，他们就是尧(yáo)、舜(shùn)、禹(yǔ)。

原始社会父系氏族后期，部落联盟中的重大事务是由各部落首领聚到一起共同商量决定的。部落联盟首领由大家推举，再经各部落首领同意后才有资格担当。这种选举部落联盟首领的制度在中国历史上称为"禅(shàn)让"。尧舜禅让就是其中比较典型的例子。

"禅"意为"在祖宗面前大力推荐"，"让"指"让出帝位"。"禅让"指古代帝王让位给不同姓的人。

尧十六岁便被推举为部落联盟首领。他为人宽厚，生活节俭，体察民情，任人唯贤，能够合理安排和使用各类人才。在位期间重视农业，掌管时令，观察天象，制定历法，将联盟治理得井井有条。当他年高体衰时，便决定将自己的位子让给其他贤能的人。

尧召集各部落首领，希望他们推荐一个合适的人选。有人推荐他的儿子丹朱，也有人推荐共工，尧听后都摇头否定了，因为他们都不是合适的人选。后来，好多人都向他推荐舜，并介绍说，舜的父亲叫瞽(gǔ)叟(sǒu)，是个瞎子。继母生了一个儿子，名叫象。象不明事理，可糊涂的父亲却宠爱他。虽然父母兄弟对舜都不友好，他却并不怪罪他们，他对父母的孝敬远近

体现了尧任人唯贤的原则。

舜以德报怨，他的品质大于智慧，这正是尧选他继位的原因。

闻名，对弟弟也慈爱有加。后来，舜在家里待不下去了，就离家出走。由于他为人谦逊，品德高尚，所以人们都乐于同他相处，据说只要是他住过的地方，一年成村，两年成镇，三年则成都邑(yì)。

尧对舜也早有耳闻，决定考察一下他的能力、为人与才干，于是他把自己的两个女儿——娥皇、女英嫁给了他。舜受到尧的赏赐后，生活越来越好，这引起了父母和弟弟的妒忌。于是，他们决定想办法加害舜。

一次，舜去修补粮仓的顶盖，他的父亲和弟弟偷偷地将梯子撤走了，还把粮仓下面点着了火，想把舜烧死。但是聪明的舜扇动大斗笠像鸟张开翅膀一样跳了下来，丝毫没受到伤害。

瞽叟和象见舜逃过一劫，又生一计。他们让舜去挖一口古井，舜下到井里后，他们就往井里扔石头，想砸死他。由于古井年代久远，土质疏松，旁边形成了一个洞，舜躲在洞里，幸免于难。面对家人的伤害，舜仍然一如既往地善待他们，这种宽广的胸襟得到了人们的赞赏，也赢得了尧的信任。

此等胸襟无人能及。舜以高尚德行赢得他人的拥护。

经过几年的考察，尧知道舜确实是个贤德无量、智勇双全的人，于是就把自己的位置让给了舜。历史上将此事称为“禅让”。

舜接任后，继续保持着勤劳朴实的作风，同百姓共同劳动，得到了百姓的拥护和爱戴。又过了几年，舜衰老后，也像尧一样选择了一个有才能、威望高的人接替了自己的位置，这个人便是治水的大禹。

舜传位给禹，也是禅让。中华民族的优秀品德就这样得到了世代传承。

尧、舜虽然早已作古，但他们任人唯贤、宽容圣明的高尚情操被人们世代传颂。

大禹治水

尧在位的时候，黄河流域经常发生很大的水灾，庄稼被淹了，房子被毁了，老百姓只好往高处搬。不少地方还有毒蛇猛兽，伤害人和牲口，百姓苦不堪言。尧召开部落联盟会议，商量治水的问题。他征求四方部落首领的意见：派谁去治理洪水呢？首领们都推荐鲧(gǔn)。尧对鲧不大信任。首领们说："现在没有比鲧更强的人才啦，你试一下吧！"尧才勉强同意。

鲧花了九年时间治水，没有把洪水制服。因为他只懂得水来土掩，造堤筑坝，结果洪水冲塌了堤坝，水灾反而闹得更凶了。

年老的尧命接班人舜摄政。舜奉命到四方巡察，发现洪水仍然在肆虐(sì nüè)，觉得鲧治理黄河不力，就把鲧杀了，让鲧的儿子禹去治理洪水。

可见惩罚之严酷。父亲治水失败受到舜的严惩，警策禹后来奋力治水，终至成功。

禹吸取父亲失败的经验教训，亲自勘察地形，了解各地的地理特点，掌握各地的情况之后，禹改变了他父亲的做法，用开渠排水、疏通河道的办法，把洪水引到大海中去。

为了将黄河治理好，禹身体力行，亲自拿畚箕(běn jī)、铲子与手下人一块儿干活。他的手脚磨出厚厚的

大禹治水三过家门而不入的典故家喻户晓,他的这种为大家忘小家的精神值得千古颂扬。

会稽山:今浙江绍兴一带。

霸权几近丧失人道,说明当时禹在部落中的绝对权威不容侵犯,他实际上已变成霸主。

一层老茧,小腿上的汗毛都在劳动时磨去了,身体也因艰辛的劳动而累得几乎只剩皮包骨了。禹一心扑在治水事业上,为了赶时间,他争分夺秒,曾经三次路过自己的家门都未曾入内,甚至儿子启出生都没回家去探望过。

整整十三年过去了,滚滚黄河水终于被禹治服了。禹的辛勤劳作使得百姓再也不用担心黄河再度泛滥,并最终过上了安居乐业的生活。

禹治水有功,深受百姓爱戴,也得到了舜的赏识。于是,舜年老时把部落联盟首领的位置传给了禹。传说禹年老的时候,曾经到东方视察,并且在会稽山召集许多部落的首领。有一个叫作防风氏的部落首领,到会最晚。禹认为防风氏怠慢了他的命令,把他斩了。这说明,那时候的禹已经从部落联盟首领变成了名副其实的国王了。

帮助禹治理政事的皋(gāo)陶死后,皋陶的儿子伯益做了禹的助手。按照禅让制度,应该由伯益做禹的继承人。但是,禹死后,禹所在的夏部落的贵族却拥戴禹的儿子启继承了禹的位子,建立了我国历史上第一个奴隶制王朝——夏朝。

商汤灭夏

夏朝自创立起，经历了许多波折，统治才渐渐稳定、发展起来。但从孔甲即位起，夏朝的统治又开始逐渐衰落，各方部落不再对夏王室的命令言听计从（什么话都听从，什么主意都采纳）。孔甲本人也是好逸恶劳之人，以致渐渐失去民心。孔甲死后，夏朝王位又传了三代，传至桀(jié)的手中。至此，统治了大约四百多年的夏王朝终于灭亡了。

夏桀是夏朝也是中国历史上有名的暴君，他性情粗野，整天不思国家大事，只知享乐，做出了很多荒淫无耻的事。桀生活上荒淫腐败，日夜沉醉于美酒之中，那些能喝酒的人便得到了重用。桀统治天下的主要手段就是依靠暴力，为了使天下归顺于他，他发明了许多残酷的刑罚来惩治那些违反他命令的人。

这种残暴的统治方法最终使桀失掉民心，加速了亡国。

有一次，桀攻打有施国，有施国为了让桀自动退兵，就将国中最漂亮的妺[mò]喜献给了桀。桀一见妺喜就把打仗的事忘到了九霄云外。

桀自从得到妺喜之后，整天和她厮混在一起，对她百般宠爱，征集全国最优秀的工匠，为她修建了华丽无比的寝宫。他每日在寝宫看歌舞、喝酒，和妺喜嬉戏游乐，不理政事。大臣关龙逄(páng)劝说他这样下去会丧失人心，夏桀却说："天上有太阳，正如百姓有我一样，太阳会灭亡吗？太阳灭亡，我才会灭亡。"随后他以"妖言犯上"罪杀了关龙逄。百姓恨透了夏桀，诅咒他："这个可恶的太阳什么时候才会灭亡？只要你灭亡，我们宁愿与你一同灭亡。"

如此自负残暴的君主怎会不亡国呢？夏桀的种种行为为夏的灭亡埋下伏笔。

黄河下游有个部落叫商。传说商的祖先契(xiè)在尧舜时期，跟禹一起治过洪水，是个有功的人，受封于商地。后来商部落因为畜牧业发展得快，到了夏朝末年，汤做首领的时候，已经成为了一个强大的部落。

商汤见夏桀统治无道，荒淫残暴，便下定决心灭掉夏桀。他表面上服从夏桀，暗地里却加紧发展生产，收罗人马，训练军队，准备粮草，同时暗中与反桀的诸侯相互联盟，形成了一种共同反桀的态势，并且逐步树立自己的威信。后来，汤寻找不同的借口，先后灭了那些敌对的诸侯小国，使汤的国力更加强大，具备了和夏分庭抗衡的条件。

桀的荒淫残暴使其尽失民心，而这时汤灭桀则顺应了民心。

在攻打桀的时候，伊尹献计要汤不再向夏进贡，看看桀到底有什么反应。桀知道后，马上派兵攻打汤，这正好给商汤提供了一个机会。汤动员自己所有的力量讨伐桀，出发前，为鼓舞士兵斗志举行了誓师大会，宣誓时说："不是我要进行叛乱，实在是桀作恶多端，我是奉上天的旨意来消灭他的。"因此，商军将士作战非常勇猛。夏、商两军在鸣条打了一仗，夏桀被打败了。夏桀被流放到南巢，后来就死在了那里。

伊尹的计策给灭桀提供了突破口。他辅助商汤灭夏朝，为商朝的建立立下了汗马功劳。他教汤效法尧舜的以德治天下，为救民而伐夏。

夏桀的暴虐最终导致其为人所灭。汤在夏朝的基础上建立了另一个奴隶制国家——商，中国历史从此进入了商代。

姜太公遇文王

商朝最后一个君王叫纣（zhòu）。他早年曾带兵东征，将商朝的文化向南传播到淮河流域和长江流域一带，这是商纣王值得称颂的地方。但在长期的战争中，军备消耗极大，这无疑加重了人民的负担。商纣王调集上万名奴隶，在首都朝［zhāo］歌修建了一座富丽堂皇的鹿台，把搜刮来的无数金银财宝都储藏在里面；之后又建造了一个非常大的仓库，叫“钜（jù）桥”，里面装着他衣食住行所需要的大量物品。

商纣王越来越骄奢，一味地贪图享乐，朝政日益腐败。大臣只要稍有忤（wǔ）逆，就会被处以极刑。由于奴隶造反的事时有发生，所以纣王为了平息叛乱，制定了各种严酷的刑法，除刺字、割鼻、断足等刑罚外，还有一种更加残忍的刑罚——炮烙，就是将人捆绑在烧红的铜柱上活活烫死、烤死。这时，在西部有一个部落正悄悄地强盛起来，那就是周。周是一个古老的部落，原本在现今的陕西、甘肃一带活动，后来因为遭到戎（róng）、狄（dí）等游牧部落的侵扰，迁移到岐山下的平原定居下来。

到了古公亶（dǎn）父的孙子姬昌（即周文王）继位的时候，周部落已经很强大了。周文王是一个能干的政治家。他的生活跟纣王正好相反。周文王禁止喝酒，不准贵族在田地中打猎，糟蹋庄稼。他鼓励人民多养牛羊，多种粮食。他还虚心接待一些有才能的人，因此，一些有才能的人都来投奔他。

周部落日渐强大，对商王朝构成了威胁。大臣崇侯虎在纣王面前诬陷姬昌，纣王信以为真，下令抓住了姬昌。周部落把众多的美女、良马和珍宝献给纣王，以讨纣王欢心，纣王一见，立刻释放了姬昌。姬昌见纣王昏庸残暴，丧失民心，就决定讨伐商朝。可是他身边缺少一个有军事才能的人来帮助他指挥作战。他一直在想办法物色这种人才。

历史是如此的相似，商纣王又重蹈了夏桀的覆辙。

有一天，周文王带着他的儿子到渭水北岸去打猎。在渭水边，他看见一个老头儿在河岸上坐着钓鱼。大队人马过去，那个老头儿只当没看见，还是安安静静钓他的鱼。文王觉得很奇怪，就走到老头儿跟前，却发现老头儿的钓钩是直的，而且离水面有三尺高，一边钓还一边自言自语地说："负命者上钩来！"文王更加觉得奇怪，于是跟他聊了起来。

歇后语"姜太公钓鱼——愿者上钩"就出自于这个典故。

经过一番谈话，文王知道他叫姜尚，是一个精通兵法的能人。文王非常高兴，说："我祖父在世时曾经对我说过，将来会有个了不起的能人帮助我把周族兴盛起来。您正是这样的人。我的祖父盼望您已经很久了。"说罢，就请姜尚一起回宫。那老人家理了理胡子，就跟着文王上了车。因为姜尚是文王的祖父所盼望的人，所以后来叫他太公望；在民间传说中，叫他姜太公。太公望是周文王的好帮手，他一面提倡生产，一面训练兵马。周部落的势力越来越大。

姜太公是齐国的缔造者，周文王倾商、武王克殷的首席谋主、最高军事统帅与西周的开国元勋，齐文化的创始人，也是中国古代一位影响久远的杰出的韬略家、军事家与政治家。

过了三年，文王又发兵征伐崇国（在今陕西省沣水县）。崇国是商朝西边最大的一个属国。文王灭了崇国，就在那里筑起城墙，建立了都城，叫作丰邑。没过几年，周部落逐渐占领了大部分商朝统治的地区，归附文王的部落也越来越多了。但是，周文王并没有完成灭商的事业，在他打算征伐纣王的时候，害了一场病死了。

烽火戏诸侯

周朝在成王、康王统治时期，政局比较稳定。后来，由于奴隶主对奴隶的剥削压迫日益严重，再加上连年战争，平民和奴隶怨声载道（怨恨的声音充满道路。形容人民群众普遍强烈不满），不满情绪日益增长，统治者为了控制和镇压国民，制定了十分残酷的刑罚。殊不知，统治者越是残酷地镇压国民，便越会激起国民的反抗。

统治阶级的残酷镇压，加速了国家的灭亡。

周朝经历国人暴动，到了周幽王统治时期，国势已然衰落。周幽王继位后，不但不设法安定民心、挽救危机，反而过着荒淫奢侈的生活，更加快了西周的灭亡。

幽王是个胸无大志的人，整天游手好闲，只知寻欢作乐，醉心于女色，有一次竟然三个月没有上朝理政。褒国国君褒珦(xiàng)见幽王如此荒唐，就进行规劝。幽王不但不听，还把他关进了大牢。褒珦的儿子为了救出父亲，就用重金买了一个年轻漂亮的少女，取名“褒姒(sì)”，调教好之后，将她装扮得如下凡的仙女，献给了幽王。幽王见褒姒美若天仙，甚是欢喜，于是就放了褒珦。

周幽王如此为君，在位期间各种社会矛盾急剧尖锐化。

褒姒貌美，能歌善舞，自进宫后，深得幽王宠爱，不久就生了一个儿子，取名伯服。为了讨褒姒欢心，幽王废了申后及太子宜臼(jiù)，另立褒姒为王后，伯服为太子。

轻易废立太子是个危险的举动，它往往是一个王朝祸患的根源。

褒姒有个特点——自进宫以来从未笑过。幽王认为她笑起来一定会更迷人，于是就想方设法逗褒姒笑。

为了赢得褒姒的欢心，幽王宣布能令褒姒开怀一笑者赏金一千。许多人前来献计都失败而归。后来大臣虢(guó)石父对幽王说："骊山上的烽火台好久没有用过了。大王不妨带娘娘到骊山玩一场烽火游戏。"幽王听后点头称是。古时候，一旦遇到敌情，主要靠烽火台报警。那些烽火台遍布各诸侯国，相邻的两座能互相看见。如果白天某处发现了敌情，就点燃晒干的狼粪，靠"狼烟"传递情报；如果是晚上，就点燃柴草，靠火光传递情报。这样一座传一座，用不了多长时间，消息就会传遍全国，各地诸侯就会率部队赶往京都听候调遣。

虢石父为人奸佞乖巧，善于奉承，贪图财利，这种人却得到了周幽王的重用，侧面衬托出周幽王的昏庸。

一天，天气晴朗，幽王带着褒姒来到城楼顶上，下令点燃烽火。顿时，狼烟四起，直冲云霄。远近的诸侯看到烽火点燃，以为敌国来犯，于是纷纷点齐兵马，向镐(gǎo)京奔来。当他们赶到镐京城下时，却没看到一个敌兵，只见幽王和褒姒在城楼上喝酒看热闹。诸侯们的奔忙，把褒姒给逗笑了。她笑幽王如何轻率行事，笑诸侯这样容易上当。诸侯们气坏了，知道自己受了愚弄，心中充满了怨气，对幽王的统治也失去了信心。

周幽王的荒唐之举却引得褒姒耻笑，也冷了诸侯们的心。

同时，申后的父亲申侯得知幽王废掉了申后和宜臼，就向戎人借兵，准备推翻幽王的统治。戎人兵强马壮，早就有东侵之意，现在申侯主动借兵，自然乐于相助。几天后，就将战马、刀枪备齐，发兵攻打镐京。

幽王得知犬戎来犯，惊慌失措，急忙命手下人点燃烽火。烽火点燃后许久也不见有援兵来救，原来诸侯们以为幽王又在戏耍他们而未予理睬。犬戎兵轻而易举地攻进了镐京，杀掉了幽王与伯服，又将镐京的财富连同褒姒一同掠走。

周幽王戏弄诸侯的代价是惨重的，可惜他当初怎么都不会意识到这一点。

诸侯见犬戎已退去，幽王已死，国家不可一日无主，就立废太子宜臼为王，他就是周平王。平王即位后，怕戎人再一次打进来，加上镐京已被战火破坏得残破不全，于是在公元前770年率众将都城迁到了东都洛邑。因为镐京在西边，所以历史上把平王东迁之前的周朝称为西周，把平王东迁之后的周朝称为东周。

东周，又分为“春秋”和“战国”两个时期。春秋时期，周王朝权势已日趋衰落，诸侯的力量却日趋强大，各诸侯国间弱肉强食，逐步形成了春秋争霸的局面。

历史的车轮滚滚向前，挡不住西周的灭亡，挡不住东周的衰落，历史进入了一个群雄纷争、诸侯争霸的局面。

孙子兵法

《孙子兵法》是中国现存最早的兵书，也是世界上最早的军事著作，被誉为“兵学圣典”。

孙武（约公元前545年—约公元年470年），字长卿，春秋末期齐国乐安人。其先祖为陈国的贵族，因内乱逃到齐国，改姓田氏，齐景公时立功，赐姓孙氏。孙武是我国古代著名的大军事家，也是我国古代军事科学理论的奠基人，现有他的名著《孙子兵法》流传于世。

春秋后期，吴王阖闾（hé lǘ）即位三年，即公元前512年，处于长江流域下游的吴国逐渐变得强盛起来。吴王为了实现成为霸主的宏伟目标，广纳人才，礼贤下士。伍子胥（xū）向他推荐了正在隐居的孙武，称赞他是个文能安邦、武能定国的盖世奇才。

这样可以避免只知纸上谈兵，而于实战无益。

孙武将他所写的兵法呈给吴王，吴王看罢，对他说：“你的兵法十三篇，我已经逐篇拜读，实在是耳目一新，受益匪浅，你能否给我演示一下？”吴王是想借机了解一下这套兵法究竟有无实效。

孙武说：“可以。”

吴王又问：“先生打算用什么样的人来演习呢？”

孙武答道：“随君王的意愿，用什么样的人都可以。不管是高贵的还是低贱的，也不论是男是女，都可以。”

吴王想给孙武出个难题，便要求用宫女来演练。于是，吴王从宫中选出美女一百八十人，交给孙武进行军事演练。孙武将她们分开编成两队，由吴王最宠爱的两名姬妾分别任各队的队长，又让每个女子都手持长戟列队等候命令。

孙武先告诉她们演习的要领，并严明纪律，违者重罚，然后指导她们如何随着战鼓前进、冲锋、后退、收兵。孙武重申了要领，在她们表示明白后，就命令击鼓开始演练。尽管孙武三令五申，宫女们口中应答，但仍依仗吴王之势不把孙武放在眼里，根本不听从他的指挥，把军令视同儿戏，嬉笑打闹不止。孙武决定依军法处置，他召来军吏，根据兵法，要将两名宠姬队长斩首示众。

孙武的这一做法无疑具有极大的威慑力，这样众宫女眼中才有军令。

吴王阖闾正在台上观看，见孙武要杀自己的宠姬，大惊失色，忙派人传令说："寡人已经知道将军能带兵打胜仗了，失去这两名宠姬，寡人吃饭都没有味道。请将军赦(shè)免她们！"

孙武断然拒绝了吴王的请求，说："臣下既然已经领命为将，将领在军中可以不接受君主的命令。如果不严肃军纪，怎么能练好兵打胜仗呢？"于是，他下令将两名宠姬队长斩首，以示军威。接着又选出两名女子任队长，训练重新开始。队形排列好，再次击鼓行令，这次宫女们鸦雀无声，进退自如，整齐划一，达到了要求。

这就是"将在外，君令有所不受"的意思。将士出征在外，可以依据实际情况随机应战，不必事事听从皇帝的命令。

孙武于是令人向吴王阖闾报告说军队已训练整齐，士兵唯命是从，纵使赴汤蹈火，也毫不迟疑。吴王阖闾看后深知孙武善于用兵的本领和卓越的指挥才能，便拜他为将。

这正是严正军纪的作用，军队的战斗力也正是这样训练出来的。

在孙武的严格训练下，吴军的军事素质有了明显劲旅：精锐而强有力的军队。

《孙子兵法》是我国古代军事文化遗产中的璀璨瑰宝，优秀传统文化的重要组成部分，其内容博大精深，思想深邃富赡，逻辑缜密严谨，是古代军事思想精华的集中体现，历来被奉为兵家经典。

的提高。公元前512年，阖闾、伍子胥和孙武，指挥吴军攻克了楚的属国钟吾国、舒国，此时吴王自大起来，想要直接攻打楚都郢(yǐng)。孙武马上劝阻吴王，说："楚军是一支劲旅，非舒国和钟吾国可与之相比。我军已连灭二国，人疲马乏，军资消耗很大，需要暂且收兵，养精蓄锐，等待合适的时机。"

伍子胥也完全同意孙武的主张，并说："人马疲劳，不宜远征。不过，我们可以设法使楚人疲困。"于是伍子胥和孙武商定了一套扰楚计划。

吴王听取了他们的意见。扰楚计划实施后，果然奏效，楚国顾此失彼，穷于应付，耗费了大量的人力、物力，国内十分空虚，属国纷纷叛离。吴国却在进攻中抢掠不少，占据上风。公元前506年，孙武等人建议吴王伐楚，因为当时楚国政治腐败，人心涣散，外交孤立无援；另外，吴国经过长达六年的备战，条件、时机成熟。吴王于是任命孙武、伍子胥为大将，统帅三万精锐部队攻楚，吴军出师五战五捷，重创楚军二十万余众，最后攻陷楚都郢，为吴国北上中原争霸开辟了道路。

孙武不仅是一个在战场上能够克敌制胜的军事统帅，还是一个名扬古今的大军事理论家，现存的《孙子兵法》就是他智慧的结晶。他所处的时代，是一个急剧变革的时代。所以，变革之风使有志之士的思想空前活跃。

孙武的军事思想首先体现在他能够在总结以前战争经验的基础上，摆脱狭隘单纯的军事观点，去深入地研究决定战争胜负的根本原因。他认为战争归根结底是双方经济力量的角逐，经济实力是进行战争的基础。因此他提出要打速决战，避免打持久战，从中可以看出他遵循战争规律的现实态度。其次，他进一步研究了战争与政治的关系。他认为战争是国家最重要的政治问题。他说："兵者，国之大事，死生之地，存亡之战，不可不察。"（《计篇》）他认为一个国家政治清明，在战争中就能以少胜多，以弱克强；否则，虽强必亡。正因为他摆正了战争与政治的关系，才在实战中创造出了许多辉煌的战绩。

其次，他认为，战争的指导者必须用发展变化的眼光去看待战争，在制订计划时要全面兼顾，切忌片面性，更不能用静止的观点来看问题。因此，他又提出"知己知彼，百战不殆"（《谋攻篇》）的军事思想，注重了解情况，全面地分析敌我、众寡、强弱、虚实、攻守、进退等方面的情况，并通过客观地认识和掌握战争来克敌制胜。他还提出："兵无常势，水无常形，能因敌变化而取胜者，谓之神。"（《虚实篇》）强调了战略战术上的"奇正相生"和灵活运用。这些理论至今仍然是我国古代军事科学的宝贵遗产。

"正"指正常，"奇"与"正"相辅相成，能互相转化。

孙武的军事思想影响是相当深远的，受到世界很多国家的重视。《孙子兵法》一书已被译成很多国家的文字，在世界上广泛流传。《孙子兵法》不仅成为许多军事家指导战争的必读之书，就连一些当代的中外企业家、政治家也精心研读，以获取在商海、仕途上的启迪。

《孙子兵法》的影响渗透到了当今社会中的各个领域，这是孙武意想不到的。

卧薪尝胆

吴国和越国是春秋末期新兴起的两个相邻的国家。吴都姑苏，越都会稽。后来吴王阖闾打败了强大的楚国，成了南方霸主。吴越虽相毗(pí)邻，但素来不和，常起争端。

公元前496年，越王允常逝世，他的儿子勾践继位。吴王得到消息，便想借机出兵大举攻越。伍子胥极力劝阻，但吴王不听，带兵三万向越国进发。后来，吴军大败，一退数里。吴王身受重伤，不久去世，他的儿子夫差继位。

夫差继位后，不忘父仇，一边整顿内政，操练兵马，一边扩充军备。他励精图治，使吴国逐渐强大起来。

决策者最忌不听劝告，一意孤行。勾践无视范蠡的一番苦心，终致一失足成千古恨。

越王勾践三年，勾践得知吴王夫差昼夜操练兵马，准备征讨越国，就想先发制人举兵灭吴。谋臣范蠡(lí)坚决反对，但勾践一意孤行，结果大败，只得带着残兵败将困守于会稽山上。

此时，勾践懊悔不已。

范蠡说："现在，只能忍辱求和了。"

伍子胥深知勾践求和的目的，可惜盲目乐观的夫差不听忠臣的劝谏，导致灭国。

勾践派大臣文种到吴国军营向夫差求和。夫差听后本想同意，可伍子胥极力反对。勾践以为走投无路

了。文种和范蠡认为应该另找出路，经反复斟酌，他们认为夫差好色，权臣伯嚭(pǐ)贪财，可以利用这一点达到目的。

于是，文种暗地里用美女和财宝买通了吴国大夫伯嚭，请伯嚭替越国在夫差面前说几句好话。伯嚭在吴王夫差面前极力劝说，使得原本就动摇的夫差不顾大臣伍子胥的反对，答应了越国的求和，但是要求勾践和范蠡到吴国去服役。

勾践把国事托付给文种后，带着夫人和范蠡来到吴国。夫差派人在父亲阖闾的墓旁盖了一间简陋的石屋，将勾践夫妇和范蠡等人赶入屋中，让他们穿上罪犯的衣服，负责看坟养马。吴王夫差有时还故意羞辱勾践，出游时让他牵马徒步跟随，回来时让他更衣、脱靴，甚至上厕所也让他侍奉。任凭吴王及群臣讥讽嘲弄，勾践只能忍气吞声，把耻辱深藏在心中。

大丈夫能屈能伸，说什么男儿膝下有黄金，看看勾践的隐忍，真是无人能及。否则，就不会有后来的灭吴了。

这样一过就是三年。有一次，勾践趁吴王生病时，亲尝他的粪便测病。吴王夫差很感动，觉得勾践真心归顺了他，便不顾伍子胥的反对，释放了勾践。

勾践的表演真是到了极致，难怪夫差相信他是真心归顺。

勾践回到越国后，决心发愤图强，报仇雪耻。他马上着手重建家园，让大夫文种负责内政，范蠡负责外交，整饬(chì)军队，自己则艰苦奋斗，以身作则。勾践担心自己忘掉耻辱，便每天睡在柴草上，还在门上挂一个苦胆，每次吃饭时都要先尝一尝苦胆，以激励、鞭策自己。这就是“卧薪尝胆”典故的由来。

成语“卧薪尝胆”后来用来形容人刻苦自励，立志雪耻，发愤图强。

越国在勾践的治理下，逐渐强盛起来，公元前473年，一举消灭了吴国，一雪前耻。勾践卧薪尝胆的故事成为我们民族发愤图强的精神榜样。

一鸣惊人的楚庄王

秦国打败晋国以后，一连十几年两国没有发生战事。可是南方的楚国却一天比一天强大，一心要跟中原的霸主晋国争夺地位。

公元前613年，楚成王的孙子楚庄王即位做了国君。晋国趁这个机会，把几个一向归附楚国的国家又拉了过去，订立盟约。楚国的大臣们很不服气，都向楚庄王提出要他出兵争霸权。

无奈楚庄王不听那一套，白天打猎，晚上喝酒、听音乐，什么国家大事全不放在心上，就这样窝窝囊囊地过了三年。他知道大臣们对他的作为很不满意，还下了一道命令：谁要是敢劝谏(jiàn)，就判谁的死罪。

有个名叫伍举的大臣，实在看不过去，决心去见楚庄王。楚庄王正在那里寻欢作乐，听到伍举要见他，就把伍举召到面前，问："你来干什么？"

伍举说："有人让我猜个谜儿，我猜不着。大王是个聪明人，请您猜猜吧。"

楚庄王听说要他猜谜儿，觉得怪有意思，就笑着说："你说出来听听。"

伍举说："楚国山上有一只大鸟，身披五彩，样子挺神气。可是一停三年，不飞也不叫，这是什么鸟？"

"大鸟"借指楚庄王，伍举的谏言委婉地向楚庄王表明了他虽有成为王者的资质，却三年庸庸碌碌、无所作为，借此希望他能认清现实，重理朝政。

楚庄王心里明白伍举说的是谁。他说："这可不是普通的鸟。这种鸟，不飞则已，一飞将要冲天；不鸣则已，一鸣将要惊人。你去吧，我已经明白了。"

楚庄王理解伍举的意思，他也借谜面含蓄地道出了自己的打算和宏伟抱负，表明自己只是在积蓄力量，等待时机成熟。这句话即是成语"一鸣惊人"的出处。

过了一段时期，另一个大臣苏从看看楚庄王没有动静，又去劝说楚庄王。

楚庄王问他："你难道不知道我下的禁令吗？"

苏从说："我知道。只要大王能够听我的意见，我就是触犯了禁令，被判了死罪，也是心甘情愿的。"

楚庄王高兴地说："你们都是真心为了国家好，我哪会不明白呢？"

打这以后，楚庄王决心改革政治，把一批奉承拍马的人撤了职，把敢于进谏的伍举、苏从提拔起来，帮助他处理国家大事；同时制造武器，操练兵马。当年，楚国就收服了南方许多部落。第六年，打败了宋国。第八年，又打败了陆浑（在今河南嵩县东北）的戎（róng）族，一直打到周都洛邑（yì）附近。

表明楚庄王是一个极有心机、城府极深的人。他蛰伏三年，暗中掌握政事、了解群臣，一旦施政，举止得当，雷厉风行。

为了显示楚国的兵威，楚庄王要在洛邑的郊外举行一次大检阅。

这一来，可把那个挂名的周天子吓坏了。他派一个大臣王孙满到郊外去慰劳楚军。

楚庄王和王孙满交谈的时候，楚庄王问起周王宫里藏着的九鼎（dǐng）大小轻重怎么样。九鼎是象征周王室权威的礼器。楚庄王问起九鼎，就是表示他有夺取周天子权力的野心。

王孙满是个善于应付的人。他劝说楚庄王：国家的强盛，主要靠德行服人，不必去打听鼎的轻重。楚庄王自己知道当时还没有灭掉周朝的条件，也就带兵回国了。

说明楚庄王是一个有目标、有野心的人，也说明他是一个清楚现状、了解自己实力的人，这为他之后积蓄力量，一举取得胜利做铺垫。

以后，楚庄王又请了一位楚国有名的隐士孙叔敖当令尹(楚国的国相)。孙叔敖当了令尹以后,开垦荒地,挖掘河道,奖励生产。为了免除水灾旱灾,他还组织楚国人开辟河道,能灌溉成百万亩庄稼,每年多打了不少粮食。没几年工夫,楚国强大起来,先后平定了郑国和陈国的两次内乱,终于和中原霸主晋国抗衡起来。

公元前597年,楚庄王率领大军攻打郑国,晋国派兵救郑。在邲(bì)地(今河南郑州市东)和楚国发生了一次大战。晋国从来没有打过这么惨的败仗,人马死了一半,另一半逃到黄河边。船少人多,兵士争着渡河,许多人被挤到水里去了。掉到水里的人往船上爬,船上的兵士怕翻船,拿刀把往船上爬的兵士手指头都砍了下来。

不杀残兵,不赶尽杀绝,这展现了楚庄王的霸王风范。

有人劝楚庄王追上去,把晋军赶尽杀绝。楚庄王说:“楚国自从城濮(pú)失败以来,一直抬不起头来。这回打了这么大的胜仗,总算洗刷了以前的耻辱,何必多杀人呢?”

说着,他立即下令收兵,让晋国的残兵逃了回去。

打那以后,这个一鸣惊人的楚庄王就成了霸主。

从齐桓(huán)公、晋文公、宋襄公、秦穆公到楚庄王,前前后后总共五个霸主。历史上通常称他们是“春秋五霸”。

儒家创始人孔子

孔子(公元前551年—公元前479年)的名字叫孔丘,是鲁国陬(zōu)邑人。他小时候读书很用功,特别喜欢周朝的古礼。当时的读书人应该学习的“六艺”,即礼节、音乐、射箭、驾车、书写和计算,孔子都学得很好。

渐渐地,有些人想要跟随孔子学习,于是孔子就办了一个私塾(shú),做起老师来。孔子主张对不同的人要采取不同的教育方法,以及教育不分高低贵贱,对所有人都一视同仁等等。那时候连鲁国的大夫孟僖(xǐ)子也让他的两个儿子到孔子的私塾中去读书。后来孔子被他们两个推荐给鲁昭公。鲁昭公很欣赏孔子的才华,就派他到洛邑去考察周朝的礼乐。孔子帮助鲁国做了很多事情,使鲁国在外交上取得了胜利。

此举体现了孔子因材施教、有教无类的教育思想。

“礼乐”指礼节和音乐。古代帝王常用兴礼乐为手段以求达到尊卑有序、远近和合的统治目的。

齐国的大夫看到这种情形后认为孔子留在鲁国会对他们不利,于是就想了一个计策。他们找了一班十分美貌的乐女送给鲁国国君鲁定公,从此以后,鲁定公就天天和乐女们在一起唱歌跳舞,也不上朝。孔子对弟子们说:“鲁定公做不了大事,我们走吧!”

从那以后,孔子就带着他的学生开始周游列国,四处宣传周朝的礼乐制度。可是那个时候各国都忙着争霸和战争，没有精力来关心礼乐的问题。所以，孔子奔波了七八年，碰了很多钉子之后，又回到了鲁国，开始把精力放在教育和整理古代的典籍上。

孔子的政治之路走不通，但他的思想深刻地影响了中国历史。

《诗经》《尚书》《春秋》是孔子在晚年整理的。《诗经》是我国最早的一部诗歌总集，一共收录了西周和春秋时期的诗歌三百零五篇，在我国文学史上占有重要地位。

公元前479年，孔子去世了。他的弟子继续传授他的主张，逐渐形成了儒家学派，孔子也就成了儒家学派的创始人，孔子及其弟子的言行后来被整理为《论语》一书。孔子是我国古代伟大的思想家和教育家，他的儒家思想对中国和世界范围内的华人都产生了很大影响，世界范围内有许多所“孔子学院”。

儒家思想对中国文化的发展起了决定性的作用，孔子也被后世尊为“至圣”“万世师表”。

商鞅变法

公元前475年至公元前221年，史称战国时期。这期间，诸侯之间的兼并战争进行得更加激烈。春秋初年有近二百个国家，最后只剩下二十几个。其中齐、楚、燕、韩、赵、魏、秦最为强大，号称“战国七雄”。

秦国地处西部，是战国七雄中实力最弱的一个。当时秦国在政治、经济、文化各方面都比较落后，中原各国叫它“西戎”，把它看作野蛮民族，瞧不起它，很少跟它来往，还不时派兵侵夺它的土地。

周显王八年（公元前361年），秦孝公即位，他感到秦国外受强邻的欺压，内有贵族的专横，日子很不好过，决心奋发图强，改变秦国落后的面貌，使国家强大起来。为此，他下了一道变法图强的求贤诏令，诏令全国，不论是百姓还是朝廷大臣，谁能出奇计使秦国强盛起来，就给他重要的官位，并分封给他土地。

这时，有一个叫卫鞅的卫国贵族前来应诏，这个人就是历史上有名的大改革家商鞅。因为后来秦孝公将他封在商地，所以人们才叫他商鞅。

商鞅一到秦国，就给秦孝公讲了许多强国的办法。秦孝公十分高兴，觉得总算找到了一位能人。于是，他就想任用商鞅进行变法。但这时候，以甘龙、杜挚为首的奴隶主贵族出来坚决反对，因为他们害怕变法会损害自己的利益。

商鞅不卑不亢地说：“制度和法令应该按照当时的客观环境来制定，治理国家从来就没有一个永远不变的方法，只要对国家有利，我们随时可以使用新的方法，不一定非要效法过去的法令制度。”

商鞅主张依法治国，但“法”的具体内涵要与时俱进，不可拘泥成法。

商鞅的一番话说得甘龙、杜挚等人都无言以对了。秦孝公也下定了决心，任命商鞅为左庶长，实行变法。

商鞅很快就拟好了新法，快要公布时，他又想：怎样才能让百姓相信我的法令呢？经过一番考虑，他终于想出了一个好办法。

在一个天气晴朗的日子，商鞅让手下人把一根三尺长的木杆竖在国都的南门，然后他宣布：“谁能把这根木头搬到北门去，就赏黄金十两。”

老百姓都认为，一定是哪个贵族在拿老百姓取乐。所以，虽然围观的人越来越多，但谁也不肯去搬木头，大家都想看看这件怪事怎么收场。

商鞅见人们还不肯相信自己的命令，就又说：“谁搬过去，赏给五十两黄金！”人群一阵哗然，大家更不敢相信这件事了。正在这时，从人群后面挤过来一个人，说：“我来搬，管他给不给金子呢！”说完，他扛起木头就走到了北门。商鞅立刻就赏给他五十两黄金，人们终于相信了商鞅的命令。

这个接地气的做法，使商鞅在老百姓心目中建立了威信，这是变法迈出的成功一步。

商鞅见自己已经在百姓中树立了威信，就在公元前359年颁布了新法。新法规定：秦国以五家为一伍，二伍为一什，什伍之间互相监督；官职大小和爵位高低要按军功的多少来授予，贵族没有军功的，就不得再授予爵位；多生产粮食和织布纳税的，就免除该人的徭役；凡因从事商业和懒惰而导致贫穷的，连他的妻子、儿女都要受罚做官府的奴婢。

商鞅变法顺应了历史发展的方向，推动了秦国的发展。

商鞅变法使秦国从一个弱小的国家发展成为一个强大的国家，为秦国最后统一六国积蓄了力量。

苏秦合纵、张仪拆盟

苏秦是洛邑人，出身贫寒，学习用心刻苦，且善口才。后来苏秦外出闯荡，决心谋取一官半职。但他游走了许多国家都未被任用。两年以后，狼狈不堪的苏秦只好回到家中。家里人见他如此落魄，都不理他。但苏秦并未灰心丧气，而是暗自发誓，将来一定要出人头地。从此苏秦昼夜苦读，不思食宿。读书时，他手里会拿着一把锥子，深夜要打盹了，就用锥子往大腿上刺一下，疼痛会使他马上清醒过来，他就继续坚持读下去。

这就是著名的“锥刺股”的典故。苏秦的刻苦勤学成就了他后来挂六国相印的伟业。

经过一番苦学，苏秦终于掌握了丰富的知识，天文、地理、医药、军事、古今法令、各国概况均熟记于心。于是他再次离开家乡，谋求仕途。

公元前334年，苏秦来到燕国，受到燕文公礼遇。他与燕文公分析当前形势：当今秦国最强，时有吞并各国的野心，燕国之所以未受侵扰，因为有赵国抵挡在前，燕国要想永保太平，只有与赵国交好，联合中原各国共同抗秦。燕文公深有同感，便派苏秦合纵燕、赵、韩、魏、齐、楚六国。苏秦凭借自己出色的口才与智慧圆满地完成了任务。

合纵，南北纵向的国家联合起来，共同对付秦国。

歃血：古代会盟，把牲畜的血涂在嘴唇上，表示诚意。盟：宣誓缔约，泛指发誓订盟。

公元前333年，六国到赵国洹(huán)水开会，各国君主歃(shà)血为盟。苏秦被封为“纵约长”，挂六国相印，掌管联盟之事。苏秦挂六国相印荣归故里，所到之处均得到盛情接待。苏秦见了这番情景，回想起上次回家时的场面，不禁心中感慨万千。同年，燕文公去世，燕易公继位，齐国乘燕国办丧事之机，夺取了燕国十几座城池，从此齐燕两国结下了深仇宿怨。

秦王听说六国合纵之后，下决心要拆散联盟。他首先将从魏国夺来的土地还给了魏国，然后又将女儿许配给燕太子。这样，魏国和燕国同秦国友好起来。苏秦得到消息后来到燕国。燕易王对他说了齐国有违盟约的举动。苏秦决定替燕国要回城池，到齐国拜见齐威王。苏秦说：“一个人无论有多么饥饿，也不会吃乌头籽，因为乌头籽会加速人的死亡。如今齐国就吃了乌头籽。燕国与秦国已联姻，您若占了燕国城池，秦国必然出兵，到那时齐国岂不危险！”齐威王觉得他的话很有道理，于是放弃了燕国的城池，燕国不费一兵一卒收复了城池。

苏秦形象生动的类比让齐威王很快意识到事态的危急，归还了燕国的城池。

燕易公并没有消除心头之恨，便派苏秦到齐国去，想办法削弱齐国的力量。苏秦佯装得罪燕王，逃到了齐国。

公元前320年，齐威王去世，齐宣王即位，齐宣王是个喜财好色之徒。为了投其所好，苏秦为齐宣王大建宫殿，并广收美女献给他，齐国的国库逐渐虚空，百姓的赋税也大大增加，全国上下怨声载道。许多大臣进谏，劝齐宣王远离苏秦。齐宣王根本听不进去。不久，苏秦遇刺身亡。

苏秦可谓张仪的伯乐，他要张仪找到能施展自己才能的位置，他的这番苦心令人感动。

在苏秦任纵约长时，张仪曾前去投奔，苏秦激励他应该有所作为，不要不求上进。张仪茅塞顿开，只身去了魏国，但在那里并未得到重视，于是又到了楚国，做了昭阳公的门客。由于出身卑微，张仪很受歧视。后来，张仪在苏秦的帮助下，来到秦国。

张仪到了秦国，凭他的口才和智慧，果然得到秦惠文王的信任和重用，当上了秦国的相国。这时候，六国正在组织合纵。公元前318年，楚、赵、魏、韩、燕五国组成一支联军，攻打秦国的函谷关。其实，当时五国之间内部也矛盾重重，不肯齐心协力对秦，经不起秦军的反击，五国联军失败了。

张仪果然没有辜负苏秦当初的一番苦心。

在六国之中，齐、楚两国是大国。张仪认为要想实行“连横”，非得把齐国和楚国的联盟拆散不可。他向秦惠文王献了个计策，就被派到楚国去了。

连横：与“合纵”对应，指秦国拉拢一些强国，共同进攻另外一些弱国。

张仪来到楚国之后，先拿出贵重的礼物送给楚怀王手下的宠臣靳尚，以求见到楚怀王。

楚怀王听到张仪的名声很大，便认真地接待了他，并且向张仪请教。

张仪说：“秦王特地派我来跟贵国交好。要是大王下决心跟齐国断交，秦王不但情愿跟贵国永远和好，还愿意把商於[wū]一带六百里的土地献给贵国。这样一来，既削弱了齐国的势力，又得了秦国的信任，岂不是两全其美。”

楚怀王经不住张仪的游说，很高兴地就答应了。楚国的大臣们听说有这样的好事，都向楚怀王庆贺。只有陈轸(zhěn)提出反对意见。他对怀王说：“楚国因为有齐国做自己的盟国，秦国才不敢来犯。要是大王跟齐国断交，秦国肯定不会放过楚国的。秦国如果真的愿意把商於的土地让给咱们，大王不妨先让人去接收，等商於六百里土地到手以后，再跟齐国断交也不迟。”

楚国举国只有陈轸是明白人，他明了其中的利害关系，想使楚国在各国关系中找到一个平衡点。

楚怀王却听信张仪的话，拒绝陈轸的忠告，一面跟齐国断了交，一面派人跟着张仪到秦国去接收商於。

齐宣王听说楚国宣布同齐国断交，马上派使臣到秦国去见秦惠文王，商定一同进攻楚国。楚国的使者到咸阳去接收商於，想不到张仪却不认账，他说：“你们大王听错了吧。秦国的土地怎么能轻易送人呢？我说的是六里，不是六百里，而且是我自己的封地。”

张仪矢口否认自己的承诺，这正验证了陈轸的疑虑。

使者回来禀报后，气得楚怀王一怒之下，发兵十万攻打秦国。秦惠文王早有准备，也发兵十万迎战，同时还约了齐国助战。楚国一败涂地，十万人马所剩无几，不但商於六百里土地没到手，竟然连楚国汉中六百里的土地也被秦国夺了去。楚怀王只好忍气吞声地向秦国求和。

苏秦、张仪可以说是战国时期最为出色的两大外交家，苏秦主张合纵，张仪主张连横，二人的策略是背道而驰的，但都一前一后达到了目的，让自己功成名就。

楚国从此元气大伤，一蹶[jué]不振。张仪利用欺骗手段制服了楚国，后来又先后到齐国、赵国、燕国，说服各国诸侯“连横”亲秦。这样，由苏秦费尽口舌建立的六国“合纵”联盟终于被张仪拆散了。

屈原投江

楚国自从被秦国打败以后，一直受秦国欺负，楚怀王又想重新和齐国联合。秦昭襄王即位以后，很客气地给楚怀王写信，请他到武关（在陕西丹凤县东南）相会，当面订立盟约。

交代故事发生的背景，为后文楚怀王的悲惨遭遇做铺垫。

楚怀王接到秦昭襄王的信，有所顾虑：不去呢，怕得罪秦国；去呢，又怕出危险。于是，他就跟大臣们商量。

大夫屈原对楚怀王说："秦国强暴得像豺狼一样，咱们受秦国的欺负不止一次了。大王一去，准上他们的圈套。"

可是楚怀王的儿子公子子兰却一个劲儿劝楚怀王去，说："咱们为了把秦国当作敌人，结果死了好多人，又丢了土地。如今秦国愿意跟咱们和好，怎么能推辞人家呢？"

楚怀王听信了公子子兰的话，就上秦国去了。果然不出屈原所料，楚怀王刚踏进秦国的武关，立刻被秦国预先埋伏的人马截断了后路。在会见时，秦昭襄王逼迫楚怀王把黔（qián）中的土地割让给秦国，楚怀王没答应。秦昭襄王就把楚怀王押到咸阳软禁起来，要楚国大臣拿土地来赎（shú）才放他。

楚国的大臣们听到国君被押，就把太子立为新的国君，拒绝割让土地。这个国君就是楚顷襄王。公子子兰当了楚国的令尹。

楚怀王在秦国被押了一年多，吃尽苦头。他冒险逃出咸阳，又被秦国派兵追捕了回去。他连气带病，没有多久就死在秦国。

屈原忠君爱国，忧国忧民，有着救国救民的志向和富国强民的打算，但却遭奸臣排挤，被放逐湘南。奸臣当道，国家腐朽，壮志难酬，这是屈原最终选择“投江”的原因。

楚国人因为楚怀王受秦国欺负，死在外头，心里很不平。特别是大夫屈原，更是气愤。他劝楚顷襄王搜罗人才，远离小人，鼓励将士，操练兵马，为国家和楚怀王报仇雪耻。

可是他这种劝告不但不顶事，反倒招来了令尹子兰和靳尚等人的仇视。他们天天在楚顷襄王面前说屈原的坏话。

他们对楚顷襄王说：“大王没听说屈原数落您吗？他老跟人家说，大王忘了秦国的仇恨，就是不孝；大臣们不主张抗秦，就是不忠。楚国出了这种不忠不孝的君臣，哪儿能不亡国呢？大王，你想想这叫什么话！”

楚顷襄王听了大怒，把屈原革了职，放逐到了湘南去。

屈原抱着救国救民的志向，富国强民的打算，反倒被奸臣排挤出去，简直气疯了。他到了湘南以后，经常在汨(mì)罗江(在今湖南省东北部)一带一边走，一边唱着伤心的诗歌。

附近的庄稼人知道他是一个爱国的大臣，都挺同情他。这时候，有一个经常在汨罗江上打鱼的渔父，很佩服屈原的为人，但就是不赞成他那副愁闷的样子。

将自己与“许多人”进行对比，表明自己不被理解、遭人排挤的孤独，以及一腔抱负无法实现、救国无望的悲哀。

有一天，屈原在江边遇见渔父。渔父对屈原说：“您不是楚国的大夫吗？怎么会弄到这等地步呢？”

屈原说：“许多人都是肮脏的，只有我是个干净人；

许多人都喝醉了，只有我还醒着。所以我被赶到这儿来了。”

渔父不以为然地说：“既然您觉得别人都是肮脏的，就不该自命清高；既然别人喝醉了，那么您何必独自清醒呢！”

屈原反对说：“我听人说过，刚洗头的总要把帽子掸(dǎn)掸，刚洗澡的人总是喜欢掸掸衣上的灰尘。我宁愿跳进江心，埋在鱼肚子里去，也不能拿自己干净的身子跳到污泥里，去染得一身脏。”

由于屈原不愿意随波逐流活着，公元前278年五月初五那天，他终于抱着一块大石头，跳到汨罗江自杀了。

附近的庄稼人，得到这个信儿，都划着小船去救屈原。可是一片汪洋大水，哪里有屈原的影儿？大伙儿在汨罗江上捞了半天，也没有找到屈原的尸体。

渔父很难受，他对着江面，把竹筒子里的米撒了下去，算是献给屈原的。

到了第二年五月初五那一天，当地的百姓想起这是屈原投江一周年的日子，又划了船把竹筒子盛了米撒到水里去祭祀他。后来，他们又把盛着米饭的竹筒子改为粽子，划小船改为赛龙船。这种纪念屈原的活动渐渐成为一种风俗。人们把每年农历五月初五称为端午节，据说就是这样来的。

屈原死后，留下了一些优秀的诗歌，其中最有名的是《离骚》。他在诗歌里，痛斥卖国的小人，表达了他忧国忧民的心情，对楚国的一草一木，都寄托了无限的深情。后来人们认为屈原是我国古代一位杰出的爱国诗人。

文中的渔父是一位隐者。他对屈原的忠告是希望他走一条与世沉浮的自我保护的道路，他认为屈原不应“自命清高”“独自清醒”。

屈原否定了渔父的思想，他义正言辞地进一步表明了自己的思想和主张。他以两个浅近、形象的比喻，说明自己洁身自好、决不同流合污的态度。又以宁愿跳江的决心表明了自己不惜牺牲生命也要坚持理想的信念。

将相和

秦国凭借强大的实力，经常使用欺骗的手段来掠夺其他诸侯各国。公元前283年，赵国得到了一块绝世宝玉——和氏璧。秦昭襄王知道这个消息后，就派使者送信给赵惠文王，说秦王情愿以十五座城的代价来换取赵国那块珍贵的“和氏璧”，希望赵王答应。

赵惠文王忙召集大臣们商议，众人都说这一定是个阴谋。可是，如果得罪了秦王，他就会以此为借口来攻打赵国。正当众大臣左右为难的时候，宦官令缪(miào)贤上前对赵惠文王说：“臣门下有一门客，叫蔺(lìn)相如，此人有勇有谋，可以让他来试试，看能不能想个两全其美的办法。”

蔺相如的出身极为卑微，但他有勇有谋，品行高洁，最终成为了一代名相。

赵惠文王忙派人把蔺相如召进宫中，问他有什么良策。蔺相如想了想，说：“如果赵国不同意交换，那么是赵国理亏；而秦国如果不给赵国十五座城，那理亏的就是秦国了。我们应该答应秦国，让秦国承担理亏的责任。”

赵惠文王就派蔺相如带了侍从护送和氏璧出使秦国。蔺相如带着和氏璧来到咸阳，秦昭襄王十分高兴，在章台宫接见了蔺相如。蔺相如呈上和氏璧后，秦昭襄王爱不释手，左看右看，又给身边的美人和大臣们传看。蔺相如见秦昭襄王根本不提换城的事，便知道他根本不想履行诺言。于是，他不慌不忙地走上前对秦昭襄王说："这块美璧可以说举世无双，但遗憾的是，它上面有一点瑕疵(cī)，让我来指给大王看吧！"

秦昭襄王信以为真，就让人把璧交给了蔺相如。蔺相如拿到璧后，马上向后退到柱子旁，双手捧璧举过头顶，怒气冲冲地对秦昭襄王说："平民百姓互相交往都要讲求信誉，何况大国之间呢！我看大王根本就不想用城来交换和氏璧，所以将璧要了回来。大王如果想强取的话，我的头颅和璧将会一起撞碎在柱子上。"说完作势要往柱子上撞。秦昭襄王怕璧被撞碎，连忙道歉说："先生不要着急，没有提到换城是我的不对，秦国怎么会不守信用呢？"说完还让人拿来秦国的地图，指出十五座城，说是要用来换和氏璧的。蔺相如知道秦昭襄王并无诚意，就说："和氏璧是天下无双的珍宝，大王应斋戒五天，举行一个盛大的接受仪式，我才敢呈上玉璧。"

蔺相如义正词严，气场极强，秦王也奈何他不得。

这是蔺相如为了赢得时间将璧完好送回赵国而采取的对付秦王的办法。

蔺相如估计秦王不会为了一块璧给赵国十五座城，就命一个随从换上粗布衣服，贴身带上和氏璧，从小道回到了赵国。

五天以后，秦昭襄王召集众大臣和各国在秦使臣在朝堂里举行接受和氏璧的仪式，他派人叫蔺相如带璧上殿。蔺相如神态自若地走上前，说："我已派人把和氏璧送回了赵国，请大王治我的罪吧。"

从蔺相如的神态中，可以看出他不畏强权，视国家利益为至高无上。

秦昭襄王气得厉声问道："我已经按你说的做了，你为什么还要把和氏璧送回赵国？你是在戏弄本王吗？"蔺相如回答说："秦国历来不守信用，我怕被骗，有负于赵王，所以把璧送回了赵国。秦国如果诚心以城相换，那么就请先把城割让给赵国，以秦国的势力，赵国怎么敢不交出和氏璧呢？”

朝堂上，几个武将抓住蔺相如要杀了他，秦昭襄王连忙制止。他认为，杀了蔺相如也得不到和氏璧，反倒使秦赵两国交恶，还不如放他回国。蔺相如回到赵国，赵惠文王因他不辱使命，就让他做了上大夫。蔺相如用自己的勇敢和智慧，使强秦的奸计没有得逞，这就是“完璧归赵”成语的由来。

秦昭襄王虽然放走了蔺相如，但他一心要使赵国屈服，于是接连侵入赵国边境，占领了一些地方。公元前279年，他又想出了一个阴谋，请赵王到秦地渑(miǎn)池相会。赵王怕去了后会被秦国扣留。大将廉颇和蔺相如都认为如果不去，反倒向秦国示弱。于是赵王让蔺相如陪同前往，让廉颇留在本国辅助太子留守。

这一人事安排，是将相失和的导火索。

在渑池，秦王和赵王在约定的日期会面了。秦王喝到高兴处，就借着酒劲儿对赵王说：“听说赵王擅长鼓瑟，能不能弹一曲，给大家助助兴啊？”说罢，也不顾赵王的意愿，就让人把瑟摆到赵王面前。赵王无奈，只好勉强弹了一曲。秦王马上命史官当场记道：“某年某月某日，秦王与赵王共饮，赵王为秦王鼓瑟。”赵王受此羞辱，大为气恼。蔺相如不甘心就此受辱，他随手拿起一个缶(fǒu，古代一种瓦质的打击乐器)走到秦王跟前，说：“赵王听说秦王擅长弹奏秦国的乐器，就请大王击缶，也为大家助助兴吧。”秦王大怒，厉声斥责他。

蔺相如反应机智，他凭着大胆无畏的出色表现，很好地维护了赵王及赵国的尊严。

蔺相如立刻站直身子怒视着秦王说：“大王未免太自大了吧？秦国的兵力虽然强大，可我却能在五步之内将我的血溅到大王身上。”秦王被蔺相如誓死相挟的气势给震慑住了，只得胡乱敲了几下缶。蔺相如让赵国的史官记下了这件事：“某年某月某日，秦王为赵王击缶，以助酒兴。”秦国大臣见蔺相如竟敢如此紧紧相逼，十分气愤，就有人站起来说："请赵国拿出十五座城来为秦王祝寿。"蔺相如毫不示弱地说："请秦国拿咸阳给赵王祝寿。"

蔺相如与秦王的较量可以说是没有硝烟的战斗，他用唇枪舌剑，同样为赵王和赵国保住了尊严。

一直到会见结束，秦王始终没占到一点儿便宜。赵国大军就在附近，所以秦国不敢轻易动用武力。这样，渑池之会在紧张的气氛中结束了。

回到赵国后，蔺相如因保全了赵国的尊严，受到了赵惠文王极大的称赞，并拜他为上卿，地位在大将廉颇之上。廉颇对此极为不满，私下里扬言说："我是赵国大将，为国家立了不少功劳，他蔺相如只不过巧言了几句，有什么资格官居我之上？我再见到蔺相如，一定要好好羞辱他一番。"蔺相如听说这些话后，就装病不去上朝，以免与廉颇见面。出门碰到廉颇的车队，也急忙从小道绕着走。

蔺相如的行为不是怯懦，而是识大体、顾大局，一切以国家利益为重。

这件事可把蔺相如手下的门客气坏了，他们责怪蔺相如不该这样胆小怕事。蔺相如说："我连秦王都不怕，难道会怕廉将军吗？但是，强秦之所以不敢来攻打我国，就是因为有我和廉将军在，如果我们二人争斗起来，两虎相争，必有一伤，到那时谁来保卫赵国呢？"

这些话传到了廉颇的耳朵里，他感到十分惭愧，就赤裸着上身，背上荆条到蔺相如的家里请罪。他跪在蔺相如的面前，说："我是武夫出身，粗鲁没有度量，您能这样忍让我，我深感惭愧，请您用荆条责罚我吧！"蔺相如连忙上前扶起廉颇，说："相如何德何能，竟让将军这样做，只要将军能体谅我的良苦用心，我就感激不尽了。"

廉颇能及时悔改，不失大将的气度，也非常值得赞许。

从此，将相二人齐心协力，共同保卫赵国。

信陵君窃符救赵

魏国公子信陵君名无忌，他是魏昭王的小儿子，魏安釐(xī)王同父异母的弟弟。昭王病逝后，安釐王即位，做了魏国的国君，封无忌为信陵君。

公元前 259 年，秦国派兵攻打赵国都城邯郸。平原君去楚国搬救兵。同时，他的夫人，即信陵君的姐姐，一再给魏安釐王和信陵君写信，请求魏国派兵救赵。于是，魏王派将军晋鄙率领十万大军前去救赵。秦昭襄王得知楚、魏两国都发兵救赵的消息后，马上派使者威胁魏王说：“秦军很快就要攻下邯郸了，诸侯谁敢援救赵国，秦军随后就去攻打谁。”魏王害怕了，连忙命令晋鄙停留在邺(yè)地，安营扎寨，观望战局的发展。

赵孝成王见魏国的援兵迟迟不到，就让刚从楚国回来的平原君给信陵君写信求救。信陵君接到信后左右为难，劝魏王出兵，魏王却不答应。他就把自己手下的门客召集起来，组织了一百多辆战车，要去和秦军拼命。信陵君和看守城门的隐士侯嬴(yíng)是好友，他临行前去向侯嬴告别，侯嬴说：“公子好自为之吧，老臣不能和您一起去。”信陵君辞别侯嬴后，越想越不痛快，自己和侯嬴是非常好的朋友，今天他为什么不肯和自己一起去救赵国呢？于是他又返回去，问侯嬴自己有什么做得不对的地方。

侯嬴笑着说：“公子带这点儿人去邯郸，就是羊入虎口，毫无用处。我打听到兵符藏在大王的卧室里，只有大王宠爱的如姬能偷出来。当初如姬的父亲被人害死，是公子替她报了仇。如果公子请如姬把兵符盗出来，她一定会答应的。得到兵符之后，您就可以去接管晋鄙的兵权，再率大军去救赵，岂不更好！”信陵君听后，连连点头称是，他马上派人去跟如姬商量。果然，如姬答应了。当天夜里她就把兵符偷出来交给了信陵君。信陵君再次来向侯嬴辞行，侯嬴问他：“如果您去接替晋鄙，晋鄙接到兵符也不把兵权交给您怎么办？”信陵君听了，半天也没说出对策来。侯嬴又说：“您还是带着朱亥(hài)去吧，万一晋鄙不交兵权，您就让朱亥杀死他。”

幸有高人指点，不然信陵君不但白忙活一场，还有性命不保之虞。

侯嬴真是考虑得周全，智谋过人。如无他的相助，信陵君这次只能是竹篮打水了。

朱亥是侯嬴的朋友，擅使大铁锥。朱亥见到信陵君，笑着说：“臣下是市井屠夫，承蒙公子不弃多次拜访。今天公子要救赵国，正是臣下卖命的时候。”信陵君和朱亥等人告别了侯嬴，快马加鞭地赶到了邺城，晋鄙果然不想交出兵权。信陵君怕时间一长事情有变，就向身边的朱亥使眼色。朱亥一个箭步冲上去，从袖子里抽出一个重四十斤重的大铁锥，向晋鄙刺了过去，晋鄙猝不及防，当场就被刺死了。众将士见晋鄙被杀，都不敢作声。信陵君率领大军直奔邯郸而去。

这时候，春申君率领的楚军也已到邯郸城下。楚、魏两军一起向秦军猛攻，邯郸城内的将士见救兵到来，也打开城门冲了出来。秦将王龁(hé)根本没有料到楚、魏两国的大军会来得这么神速，急忙领兵奋力迎战，但是由于三国军队一起夹击，秦军终于支撑不住了，败了下去，剩下的两万多秦军全都扔下武器投降了。

春申君来得正是时候。春申君与信陵君一样，同是“战国四公子”之一。

信陵君在隐士侯嬴的帮助下，窃得兵符，解了邯郸之围，也打击了秦国的嚣张气焰。

荆轲刺秦王

秦王嬴政在李斯的辅佐下，灭掉了韩国，之后又不断地向各国发起进攻，接下来他又想吞并赵国和燕国。

燕国的太子丹原本留在秦国当人质，秦王对他不好，他就偷偷逃回燕国。他见秦王嬴政起兵讨伐齐、楚、三晋，大有并吞天下之势，遂忧心燕国存亡。但他既不操练兵马，也不打算联络诸侯共同抗秦，而是将全部的家产卖掉，到处寻找能刺杀秦王的人。

太子丹这样做有点急功近利，无异于舍本逐末，是非常冒险的，并不能从根本上解决问题。

后来，太子丹物色到了一个很有本领的勇士，名叫荆轲。太子丹觉得派荆轲刺杀秦王一定能够成功。于是太子丹就把荆轲收在自己的门下当上宾，把自己的车马给荆轲坐，自己的饭食、衣服分给荆轲一起享用。荆轲很感激太子丹，也甘心情愿为他效力。

公元前228年，秦国大将王翦(jiǎn)率兵攻破赵国都城邯郸，随即北上，兵临易水，准备攻打燕国。

太子丹十分焦急，就去找荆轲。太子丹说："拿兵力去对付秦国，简直像拿鸡蛋去砸石头；要联合各国合纵抗秦，看来也办不到了。我想派一位勇士，打扮成使者去见秦王，挨近秦王身边，逼他退还诸侯的土地。秦王要是答应了最好，要是不答应，就把他刺死。

您看行不行？”

荆轲说：“行是行，但要挨近秦王身边，必定得先叫他相信我们是向他求和去的。听说秦王早想得到燕国最肥沃的土地督亢（在河北涿县一带）。还有秦国将军樊於[wū]期[jī]，现在流亡在燕国，秦王正在悬赏通缉他。我要是能拿着樊将军的头和督亢的地图去献给秦王，他一定会接见我。这样，我就可以对付他了。”

太子丹感到为难，说：“督亢的地图好办；樊将军受秦国迫害来投奔我，我怎么忍心伤害他呢？”

荆轲知道太子丹心里不忍，就私下去找樊於期，跟樊於期说：“我有一个主意，能帮助燕国解除祸患，还能替将军报仇，可就是说不出口。”樊於期连忙说：“什么主意，你快说啊！”荆轲说：“我决定去行刺，怕的就是见不到秦王的面。现在秦王正在悬赏通缉你，如果我能够带着你的头颅去献给他，他准能接见我。”樊於期说：“好，你就拿去吧！”说着，就拔出宝剑，抹脖子自杀了。

樊於期舍生取义，面对生死抉择大义凛然、从容赴死，为故事增添了悲壮色彩。

太子丹事前准备了一把锋利的匕首，叫工匠用毒药煮炼过。谁只要被这把匕首刺出一滴血，就会立刻气绝身死。他把这把匕首送给荆轲，作为行刺的武器。荆轲把樊於期的头颅装进一只匣子里，又将一把涂满剧毒的匕首藏在了督亢的地图里，带着十三岁的勇士秦舞阳出发了。

公元前227年，荆轲从燕国出发到咸阳去。太子丹和少数宾客穿上白衣白帽，到易水（在今河北易县）边送别。临行前，荆轲唱道：“风萧萧兮易水寒，壮士一去兮不复还。”

这是荆轲的千古绝唱，短短两句诗永垂千古。“风萧萧”从听觉上渲染离别之际的惨烈；“易水寒”从感觉上描述环境的悲凉，极尽天地愁惨之状，烘托出荆轲慷慨赴国难的凛然正气。

送行的人们无不涕泪交加，热血沸腾。荆轲和秦舞阳毅然登上车子，向西出发了。到秦以后，荆轲请人向秦王禀报燕使者前来献樊於期的头颅和督亢地图的消息。秦王听了十分高兴，下令在咸阳宫接见燕使者。荆轲捧着装有樊於期头颅的匣子，秦舞阳捧着装有地图的匣子走进了秦王宫殿。

荆轲有勇有谋，应对机智巧妙，令人钦佩。

到了宫殿台阶前的时候，秦舞阳突然吓得变了脸色，大臣们都感到很奇怪。荆轲笑着看了秦舞阳一眼，说："北方蛮夷人，从来没有见过天子，所以有点儿害怕，请大王原谅。"秦王还是起了疑心，对荆轲说："把秦舞阳捧的地图拿来。"

荆轲送上督亢的地图，在秦王面前慢慢打开，到地图全部打开时，荆轲预先卷在地图里的匕首就露了出来。荆轲左手抓住秦王的袖子，右手拿起匕首向秦王胸口刺去。秦王嬴政大惊失色，用力一挣，扯断了衣袖向外就跑，荆轲随后紧追上来，秦王嬴政只好绕着宫殿的柱子跑。

大臣们一时都吓得不知所措，而侍卫们又都在殿下，没有命令不敢上殿。这时，侍医夏无且首先清醒过来，提起手上的药袋就向荆轲砸去，其他大臣也叫道："大王快拔剑！"秦王这个时候猛地拔出剑，将荆轲的左腿砍断了，荆轲倒在地上，将匕首用力投向秦王嬴政，秦王一闪，匕首嵌在了柱子上。

秦王接下去又连砍了荆轲八剑，荆轲倚着柱子大笑道："我之所以失败，是想生擒你，逼你归还诸侯的土地。"

这时候，殿外的侍卫们一起冲上殿来，把荆轲杀死了。荆轲刺杀秦王虽然没有成功，但他英勇无畏的精神却永远为后人所敬佩。

秦始皇统一六国

秦王嬴政杀了荆轲以后，立即下令，增兵遣将，由王翦统率秦军猛攻燕国。燕军溃不成军。燕王和太子丹逃到辽东。为了躲避秦王的追杀，燕王逼不得已忍痛杀了太子丹向秦国求和。

在攻打燕国的同时，秦国也没放松对魏国的进攻。公元前225年，王翦的儿子王贲(bēn)带兵灭了魏国。

秦王嬴政决定乘胜一举灭了楚国，他问大将李信："寡人想攻取楚国，你认为需要多少军队？"

李信年轻气盛，经验不足，他想了想，说："臣想有二十万就足够了。"

嬴政又问老将军王翦，王翦说："楚国是个大国，非六十万人马不可。"

秦王很不高兴地说："王将军真是老了，怎么这样胆小！"于是，就派李信率领二十万大军前去攻打南方的楚国。

王翦见自己的意见不为秦王所用，就以生病为借口，告老还乡了。

王翦此时的隐退是非常明智的，给自己和秦王都留了台阶。同时也通过这种方式，表明对秦王用人不当的不满，促使秦王事后自省。

李信率军来到楚国后，刚和楚军交手，就被老将项燕指挥的楚军打得败下阵来，楚国追击李信的军队三天三夜，杀死了无数秦兵。

嬴政听说李信打了败仗，非常生气，立即撤了李信的职位，自己亲自赶到王翦的家乡，向王翦道歉说："寡人不听将军的话，果然被楚军打得大败，现在楚军迅速向我国逼近，将军虽然有病在身，难道就忍心丢下秦国不管吗？"

王翦见秦王嬴政真心诚意地来请自己，就说："大王如果一定要用老臣，非给我六十万人马不可。"秦王嬴政马上答应了。

公元前224年，嬴政亲自在灞（bà）上摆酒为王翦大军送行。王翦率军来到南方后，先不急于交战，而是命令秦军修筑了坚固的堡垒，楚军几次前来挑战，王翦也不出兵，楚军只得向东撤退。

王翦果然颇有老将之风，深思熟虑，沉着果敢，深谙实战兵法。

这时候，王翦突然发起进攻，打得楚军措手不及，纷纷落荒而逃。公元前223年，王翦俘虏了楚王，楚国灭亡。

楚国灭亡后，王翦的儿子王贲又率大军攻取了辽东。公元前222年，燕国也灭亡了。王贲在回师的途中，又攻取了赵国。

这时候，中原六国只剩下了一个齐国，齐王建原以为齐国离秦国比较远，秦国不会来攻打齐国。直到其他五国先后都被秦灭掉之后，他才觉得情况不妙，但为时已晚。

虎将无犬子，王贲也不愧为一员虎将，为秦王扫平六国立下了汗马功劳，是秦朝的开国元勋。

公元前221年，王贲率领大军直扑临淄（zī）。齐国孤军奋战，没有几天就投降了。

至此，秦国兼并了六国，统一了天下，各诸侯国经过二百五十多年的割据战争，终于平息下来，秦始皇嬴政建立了中国历史上第一个统一的多民族中央集权封建国家——秦朝。

陈胜、吴广起义

秦始皇的专横跋扈(hù)、穷奢极欲，遭到了人民的强烈反抗，全国各地都酝酿着反抗秦王朝暴虐统治的力量。公元前210年，秦二世继位，他对老百姓的压榨更加变本加厉，肆虐残暴远远超过了他的父亲。

历史上因暴政而亡国的例子还少吗？秦二世对历史教训置若罔闻，难怪秦朝会二世而亡。

公元前209年，阳成的地方官派了两个军官，押送着九百名民夫到渔阳去戍守筑城。队伍行进到大泽乡时，天空乌云密布，下起了滂沱大雨。大雨接连下了几天，冲毁了前进的道路，队伍已不能按期到达渔阳——按照秦朝的法律，误期到达的人是要被斩首的。

失却人性的秦律不得民心，暴压下必有反抗。

为了便于管理，押送的官吏就从这九百名农民中挑选出两个身高体壮的人当小队长，帮助他们管理队伍，这两个人，一个叫陈胜，一个叫吴广。陈胜出身贫苦，但胸怀大志。他给地主当雇工时，在一次休息中把犁往田垄上一放，对同伴说："如果将来我们当中有人富贵了，可千万不能忘记穷朋友。"大家听了，有人惊奇，也有人嘲笑他："你穷得替别人耕地，怎么会富贵呢？"陈胜看到别人不能理解自己，就长叹一声，说："燕雀哪里知道鸿鹄(hú)的志向呢！"

现在，这九百人处在危险的境地中，陈胜就和吴广商量对策。他们一致认为：逃亡是死，造反也是死，反正都是难逃一死，不如举旗造反，干出一番惊天动地的事业来，即使死了也轰轰烈烈。

为了鼓动人心，坚定大家反秦的决心，陈胜和吴广将写有“陈胜王”三字的丝帕塞到渔夫新打来的鱼肚子中，等到戍卒买回了这条鱼，剖开鱼肚，发现了那块丝帕，看到上面的字，大家都感到十分惊异。接着，吴广又悄悄地隐藏在草丛中，半夜时点燃篝(gōu)火，学着狐狸的叫声喊：“大楚兴，陈胜王。”

戍卒们都被这种鸣叫声惊醒了，大家议论纷纷，陈胜和吴广乘势杀死了那两个押送的官吏。陈胜登上高处，振臂高呼：“由于下雨，我们误了行期，按秦朝的律法是要被斩首的，大丈夫不死则已，要死就应该死得轰轰烈烈，王侯将相，难道天生就应当富贵吗？”大伙儿早就憋了一肚子怨气，听了陈胜慷慨激昂的话，都积极响应，拥护陈胜为王，起兵反秦。陈胜带领大家砍倒树木作为武器，举起竹竿，挂上旗号，这就是“斩木为兵，揭竿为旗”。后来人们就把这样的起义都叫作“揭竿而起”。

陈胜封自己为将军，封吴广为都尉，借着扶苏和项燕的名义，定国号为“大楚”，开始向秦朝的地方官府发动进攻。

起义军首先攻占了大泽乡。临近的农民听到这个消息，都拿出粮食慰劳他们，青年们争先恐后地拿着锄头、铁耙去投军。由于前来投奔的人太多，没有那么多刀枪和旗子，他们就砍了很多木棒做刀枪，削了竹子做旗杆。就这样，陈胜、吴广建立了历史上第一支农民起义军。

接着，起义军用很短的时间就攻占了附近的六个县。原本六国的贵族也纷纷起义响应。一时间，起义军遍布整个关东，天下形势大乱。昏庸的秦二世受赵高蒙蔽，对此还一无所知。直到陈胜的大军已到达距咸阳仅一百多里的时候，秦二世才惊慌起来。他匆忙任命章邯为统帅，释放了正在修筑骊山的刑徒充当兵士，才把陈胜的大军镇压下去。

陈胜7月在大泽乡举起反秦旗帜，12月兵败身亡，前后历时仅半年，但大泽乡起义却造成了天下反秦的局面。自此，群雄并起，腐朽的秦王朝逐渐走向灭亡。

十面埋伏

公元前202年，刘邦任命韩信为总兵帅，指挥各路人马，追击项羽。韩信命令各军分作十队，布置十面埋伏，四环接应，把项羽围困在垓(gāi)下。项羽的人马少，粮食也快吃完了。他想带领一支人马冲杀出去，与汉军决一死战。但是汉军和诸侯的人马太多，把楚军包围得水泄不通。项羽试了几次，发现无法突围，只好带兵回到垓下大营，吩咐将士要多加小心防守，准备瞅个机会再出战。

这天夜里，项羽心事重重地进了营帐。他的宠妃虞姬(yú jī)，看见他闷闷不乐、一筹莫展的样子，于是便陪伴他喝酒解闷。

三更的时候，项羽只听得帐营四面传来楚地的民间歌曲，歌声是从汉营里传出来的，而且唱的人还不少。项羽一下子愣住了。他失神地自言自语说："完了！难道刘邦已经打下西楚了吗？怎么汉营里有这么多的楚人在唱楚歌呢？"

项羽没有想到的是，唱楚歌正是韩信的攻心战术，以此引起楚军的思乡之情，从而击溃楚军的士气。

项羽听着听着再也忍不住了，抽出随身带的宝剑，轻轻地弹拨着剑刃，随口唱起一曲悲凉的歌来：

力拔山兮气盖世，

时不利兮骓不逝，
骓不逝兮可奈何，
虞兮虞兮奈若何？

这首歌的意思是："力气很大能拔得一座山，气魄大得能压倒天下好汉，由于时运不利，乌骓马不肯向前跑。马儿不肯跑有什么办法？虞姬呀虞姬，我拿你怎么办？"

悲凉气氛笼罩在每一个人心头。英雄末路，美人自尽，此痛何及？

项羽一连唱了几遍，虞姬也跟着唱起来。歌声凄凉，如泣如诉。霸王唱着唱着，禁不住悲伤起来，流下了眼泪。旁边的侍从也都伤心得抬不起头。唱完歌，二人举杯诀别，虞姬自尽而死。

当夜，项羽跨上乌骓马，带了八百个子弟兵冲过汉营，马不停蹄地往前跑去。第二天早上，汉军才发现项羽已经偷偷突围出去了，连忙派了五千骑兵紧紧追杀。项羽一路逃跑，等到他渡过淮河，身边跟着他的只剩下一百多人了。他们在汉军的追击下又跑了一程，不料竟迷了路。

项羽和他的随从来到一个三岔路口，正巧遇见一个渔人，就问他哪条路可以到彭城。那个人知道他是霸王项羽，就骗他说："往左边走。"

项羽被渔人骗了，可见他在得民心上不及刘邦。

项羽相信了渔人，和一百多个人按那人所指的路往左走了，但是他们发现前面是一片沼泽，连路都没有，便知道上当了，急忙掉转马头，准备绕出这片沼泽地，然而汉兵已经追来了。

项羽再次带领随从冲出包围，往东南逃去，一路上疲于奔命，随从的兵士死的死，伤的伤。到了东城，只剩下二十八个骑兵。但是这时汉军的几千名追兵却密密麻麻地围了上来。

项羽料想这次是没法脱身了，但是他仍旧不肯服输。他把仅有的二十八人分为四队，对他们说："看我先斩他们一员大将，你们可以分四路冲出去，然后大家在东山下集合。"

已经穷途末路了，可项羽的霸王气势依然不倒，指挥若定，实在可敬可佩。

说着，他猛喝一声，纵马向汉军冲过去。汉兵抵挡不住，纷纷散开，一名汉将当场被项羽杀死了。

项羽突围到了东山下，那四队人马也到齐了。项羽又把他们分成三队，分三处把守。汉军也兵分三路，把楚军团团围住。项羽来往冲杀，异常勇猛，又杀了汉军一名都尉和几百名士兵。最后，他又把三处人马会合在一起，点了一下人数，二十八名骑兵只损失了两名。

项羽再一次带兵冲杀出汉兵的包围，不敢恋战，带着二十六个人一直往南跑去。到了乌江，恰巧乌江的亭长有一条小船停在岸边。

亭长劝项羽马上渡江向东逃命，并对他说："江东虽然小，可是毕竟那里还有一千多里土地，几十万人口。大王如果过了江，仍然还可以在那边称王。"

项羽苦笑了一下说："我在会稽郡起兵后，带了八千子弟渡江。可是今天我却一个人回来，即使江东父老同情我，还拥立我为王，我又有什么脸再见他们呢？"说完，他把乌骓马送给了亭长，叫兵士们都跳下马。他和二十六个兵士都拿着短刀，跟追上来的汉兵肉搏起来。他们杀了几百名汉兵，楚兵也一个个倒下死去了。项羽的身上也受了十几处致命伤，他无力回天，最后在乌江边拔剑自杀身亡。

此番苦笑言语，流露出多少落寞、孤愤和无奈。但项羽此时说这些硬气的话已于事无补了，应更多些自责和反思，他的失败与自身的性格有很大关系，可惜他没有意识到这一点。

楚汉争霸战以刘邦胜利、项羽失败而告终。从此，刘邦建立的汉王朝登上了历史的舞台。

阅读理解一

1.《盘古开天辟地》中为什么把盘古的呼吸想象成风，把他的喊声想象成雷？把他的左眼想象成太阳，他的右眼想象成月亮？

2.会稽之战的结果怎样？越王是怎样对待失败的？吴王是怎样面对胜利的？

3.越王勾践“卧薪尝胆”来折磨自己，是为了什么？

4.在训练中，孙武第一次三令五申之后，宫女们的反应怎样？第二次三令五申之后，宫女们又是怎样的反应？当孙武斩左右队长之后，宫女们又有怎样的反应？

5.将相“不和”的表面原因是什么？实质原因是什么？将相和好的表面原因是蔺相如的宽阔胸襟和廉颇勇于认错、知错就改、负荆请罪，实际原因是什么？

6.蔺相如为什么逼秦王击缶？

7.陈胜、吴广起义爆发的根本原因和直接原因分别是什么？

文景之治兴汉

汉惠帝死后，吕太后以皇帝年幼而名正言顺地临朝执政。她陆续把她的内侄、侄孙都封了王，还让他们掌握了军权。整个朝廷大权几乎全落在吕家手中。

吕太后临朝的第八年，得重病死了。吕家要造反，最终在大臣周勃等人的努力下，叛乱被平定了。大臣们通过慎重讨论，决定迎立刘邦的儿子代王刘恒即位，这就是汉文帝。

汉文帝和汉景帝统治的三十九年间，朝廷实行无为而治、休养生息的政策，发展生产，平缓刑狱，汉朝一片升平气象。这一时期为以后汉帝国跨入汉武帝全盛时期奠定了基础，历史上称之为“文景之治”。

文帝即位后，派遣使者遍告四方百姓，表示自己将对四方采取怀柔政策。他还给因吕后时期统治不当而起兵造反称帝的南越王赵佗(tuó)写信，承认前代在统治方针上的错误，并说：“我们两方多年的战乱造成许多灾难，我想这是大家都不忍心看到的。现在岭南的土地就归你治理了，但两个皇帝并立一定会引起争端，这是仁者所不愿见到的，我愿与你共弃前嫌，重修旧好。”这封信既婉转表达了与赵佗修好的意愿，又明

此信措辞委婉而饱含威严，言简意深，态度明确，尽显大汉帝国的非凡气度。南越王赵佗也明白，他割据一方，终究无法与日益强盛的大汉相抗衡。

确表示皇帝只能有一个，赵佗必须取消帝号。赵佗读了文帝的信后十分感动，他对臣子们说："一个国家不能有两个国君。现在汉朝皇帝这样圣明，从此以后，我就除去皇帝的仪仗，不再称帝了。"此后，赵佗一直以臣下自居，南越与汉通好数十年，相安无事。

北部的匈奴族仍是汉朝的一大威胁，"和亲"政策虽然暂时缓和了汉朝和匈奴的关系，但边境战争还是时常发生。文帝时，汉朝曾与匈奴有过几次冲突。公元前158年，北方的匈奴起兵侵犯上郡和云中一带。汉文帝立即派兵马抵抗，另外又派了三名将军保卫长安。将军刘礼驻扎在灞上，徐厉驻扎在棘门，周亚夫驻扎在细柳。为鼓励守边将士，汉文帝还亲自到军营慰问。汉文帝所到之处都受到热烈欢迎，可是到了周亚夫的细柳营时却受到拦截，兵士在得到周亚夫的命令后才准以放行。周亚夫也没行叩拜大礼，只用军礼见皇帝，文帝的随从都十分气愤，要文帝治周亚夫的罪，可文帝说："只有周亚夫才是真正的将军啊！"

汉文帝识得将才，不以寻常眼光看人，也气量恢宏，不拘小节。最高统治者能识才爱才，是国民之幸，也是国家之幸。

景帝时曾有一位抗击匈奴的名将李广，匈奴人十分惧怕他，称他为"飞将军李广"。李广曾有一次追击敌人，被敌人发现了行踪，但由于双方都不明底细，所以都没有轻举妄动。李广镇定地扎下营来，让对方不知虚实。匈奴人怕汉军有埋伏，不敢下山出击，半夜时悄悄退走了。边境的安定保障了内地百姓的休养生息。

汉文帝和汉景帝统治时期，都减轻了赋税和徭役。文帝在位之初就连续颁布了两道关心民间疾苦的诏书，要求地方政府鼓励生产、努力赈济贫民。他还接受贾谊的建议，大力推广农业生产。文帝时曾有两年减免一半田租，实行三十税一。景帝时继续执行重农

重视农业，与民休息，有力推动了文景之治的形成。

方针，使三十税一成为西汉的定制。

汉文帝还十分注意节俭。一次他想建造一座露台，预算要花费黄金一百斤，他说："一百斤黄金相当于十户中等百姓的家产，我继承先帝的宫室还感到惶恐和惭愧，不能再浪费财力了。"他随即取消了这个计划。汉景帝统治时期还减轻刑罚，严惩贪官，一时社会风气十分清明。

最高统治者的节俭为老百姓树立了好榜样，也为国家的繁荣富强奠定了基础。

经过汉文帝和汉景帝的休养生息政策，汉朝社会的经济得到了很大的恢复和发展。据说，到了景帝执政的时候，国家仓库里的钱多得数不过来，由于常年不用，串钱的绳子都烂掉了；粮仓里的粮食也多得吃不完，一直堆到露天。

"文景之治"为汉朝的繁荣昌盛和向外开拓奠定了坚实的物质基础。

罢黜百家，独尊儒术

公元前141年春，汉景帝病逝，皇太子刘彻继位。他就是我国历史上被称为一代雄主的汉武帝。

十六岁的汉武帝一登上帝位，就不安于守业享乐，而是雄心勃勃，立志要做一番事业。他采取了一系列措施，下诏各郡县，举荐贤良方正、直言进谏的人，其中最著名的是董仲舒。

董仲舒是广川人，是西汉的思想家、政论家，还是个精通儒家学说的大学问家，治学精勤，在景帝时做过博士官。他看到汉朝建立以来几次王国谋反的事件，认为应当宣传大一统的思想，以便巩固皇帝中央集权的地位。

儒家的三纲五常思想最适合于封建统治，因此董仲舒一眼就盯上了儒家学说，将其演变成一种宗教，即儒教，使其在百姓心中产生信仰的力量，进而巩固封建统治。

董仲舒根据自己的理解和当时政治上的需要，改造了由孔子创立经孟子发展的儒家学说，并且把各家学说和阴阳五行等学说融合在一起，使儒家学说变成了一种为封建政治制度服务的、带有宗教色彩的理论。他在汉武帝下诏举荐“贤良之士”的时候，向汉武帝提出了“天人三策”的建议，意思是说：天是有意志的，人世间的事物，是按天意存在和变化的；皇帝是上天的代表，皇帝的权力是上天授予的，人服从皇帝，就是服从天道。为维护封建秩序，他特别强调地提出了“三纲五常”。在天道之下，君臣、父子、夫妻、兄弟之间，必须严格遵守上下尊卑的礼节，绝对不允许违反这种礼节。后来“三纲五常”成为封建伦理道德观念的中心内容，成为维护封建统治的有力工具，对人们的思想产生严重束缚。他还说：“诸子百家的学说妨碍皇帝的绝对权威，只有儒家学说才能保持思想上的统一。”

儒教通过三纲五常的教化来维护社会的伦理道德、政治制度，在漫长的封建社会中起到了极为重要的作用。

但是，因为窦(dòu)太后崇信“黄老学说”，极力主张清心寡欲，无为而治，武帝不敢得罪祖母，只好让董仲舒去做江都相。后来他又改任窦婴为丞相，拜田蚡(fén)为太尉，封赵绾(wǎn)为御史大夫，这三人都是儒家的支持者。

小小年纪的汉武帝，登基不久便搜罗了这么多人才，早已为他的祖母窦氏所不满。于是，窦氏便加紧了对朝廷政事的控制，还借机罢免了丞相窦婴和太尉田蚡的官职，又责备武帝误用匪人，引他不孝。武帝拗不过祖母，只能眼睁睁地看着一班大臣先后遭到贬斥和杀戮(lù)，却也无计可施。他只能等待时机，再图后计。

祖孙的矛盾直接祸及国家。迫于孝道，雄才大略的汉武帝也只能在祖母面前忍气吞声，他内心的煎熬可想而知。

建元六年(公元前135年)，窦太后离世。二十一岁的汉武帝于是真正开始独立处理政事。他大力整顿朝纲，先后把窦太后安排的丞相、御史大夫等都罢免了，再任田蚡为丞相。他还下令在政府里设置专门传授儒家学说的五经博士，在五经博士下面设置了五十名弟子。这些弟子在五经博士的指导下攻读儒家经书，并规定每年对他们进行一次考试，他们只要在五经中能学通一经就可以做官，成绩优良的还可以做大官。

后来，博士弟子的人数逐渐增加到三千人。这样一来，学习儒家的经书、取得优异成绩便成了学士们做这是政治之福，却非文化之福。“独尊儒术”对封建统治是有利的，但限制了文化的自由发展。人们的思想偏执一端，导致思想发育不健全。而这正是当时汉王朝统治者所需要的。

官的主要途径，其他诸子百家的学说便逐渐被排斥摒(bìng)弃掉了。依靠儒家学说做了官的人，自然会按董仲舒那一套理论，来帮助汉武帝治理天下，辅佐朝政，并用儒家学说来教育后代。从那时候起，中央集权的思想就开始正式成为中国社会的正统思想，儒家学说几乎完全统治了中国封建社会整个的思想文化领域。这便是历史上所说的“罢黜(chù)百家，独尊儒术”。

“罢黜百家，独尊儒术”的方针，对于加强中央集权的封建制度是有积极作用的，对封建统治阶级是极为有利的。但它把战国以来诸子百家自由宣传学术思想和政治主张的权利剥夺了，起到了禁锢(gù)人们思想的作用。后来又经过各个王朝统治者的补充和发展，使它更适合维护封建统治。

张骞出使西域

汉武帝初年的时候，有一部分匈奴人归顺了汉朝，汉武帝与他们亲切交谈，从他们口中，汉武帝知道在匈奴的西面有个被称为西域的地方，那里有个大月氏[zhī]国，他们和匈奴有怨仇，想要报复，只是没有人帮助他们。汉武帝认为：大月氏在匈奴的西面，又与匈奴有很深的仇恨，可以和大月氏联合起来出兵攻打匈奴，胜利的机率就大得多了。于是，他下了一道诏书，在全国范围内招募精明强干的人出使西域，联络大月氏。因为出使西域必须经过匈奴的领地，所以应征者不多。

汉武帝一生的功业主要是打匈奴，但打来打去收益不大，最终苦的还是百姓。

公元前138年，汉武帝正式任命张骞（qiān）为使者，堂邑父为翻译，组成了一支一百多人的队伍，带着行李、礼物开始了西域之行。

张骞他们一出陇西就碰上了匈奴兵，因为寡不敌众而被俘虏了。匈奴知道他们此行的目的地后非常生气，就下令把他们软禁了起来，和张骞关在一起的就是那个匈奴人堂邑父，这样一关就是十多年。开始的时候匈奴人看得很严，可是时间一长就松懈下来了。有一天，张骞和堂邑父趁机偷偷跑了出来，骑上两匹快马逃走了。他们一直向西跑，历尽千辛万苦，好不容易来到了一个叫大宛的地方。

大宛的国王热情地招待了他们，并派人送他们到了康居，再请康居人送他们到了大月氏。然而，时世变迁，大月氏先前为匈奴逼迫，辗转西迁，这时已定居西域，又统领了邻近的大夏国，生活富足安定，不想再和匈奴打仗报仇了，所以他们拒绝了张骞提出的要求。但是因为张骞和堂邑父是汉朝的使者，大月氏还是礼貌地款待了他们。张骞和堂邑父在大月氏住了一年多，在这一年多的时间里，他们一面联络各国，一面细心考察西域各地的地理情况，得到了许多关于西域的宝贵资料。因为没有达到目的，张骞只好回国。他们这次改走南道，沿着昆仑山北麓(lù)东归。不幸的是，在回来的路上，他们再次被匈奴人抓住了，又被软禁了一年多。后来，趁着匈奴发生内乱，他们才找机会逃回了长安。

张骞在大月氏的一年多时间里，收获很大，为后来的再次出使做铺垫。

张骞回到中原见到汉武帝的时候，距离他出使时已过去了十三年。这次出使虽然没有达到预期的目的，但是他到了大宛、康居、大月氏、大夏等许多地方，了解到那里的风土人情，这些国家物产丰富，景色秀丽。他在大夏国看到了汉朝四川出产的竹杖和细布，认为再次出使西域，可以从四川这条路走，又近又安全。

这是张骞出使西域的一个意外收获，促进了汉朝与西域的经济和文化交流，同时也为他再次出使西域打下了坚实基础。

公元前119年，汉朝已经击败了匈奴，控制了河西走廊。汉武帝再次派张骞出使西域。这次出使规模很大，汉武帝任命张骞为中郎将，带着三百名随从、六百匹马，还有大量的牛、羊、黄金、绸缎，准备作为礼物送给西域各国。这次出使很顺利，没过多久他们就来到了乌孙。乌孙王对他们热情招待，但因为不了解汉朝的强大，就没有立刻同意和汉朝联合。张骞害怕耽误了行程，就派助手们到附近的国家去联络。公元前126年，张骞带着乌孙使者回到长安。乌孙使者见识了长安的繁荣昌盛，乌孙国便同汉朝建立了友好关系。

张骞这次出使一共去了三十六个国家。从这以后，汉武帝每年都派使者出使西域，汉朝和西域的各个国家都建立了友好的关系，西域各国也派使者和商人来到汉朝，中西交通的大门从此打开了。张骞出使西域是中国历史上具有重大意义的一件大事。他两次出使西域，加强了西域各族人民与中原地区汉族人民之间的经济和文化联系，促进了封建的多民族国家的形成，同时，中国的丝和丝织品经甘肃、河西走廊，再经今伊朗和两河流域直抵欧洲，开辟了古代东西方国家经济文化交流的渠道——丝绸之路。我们现在吃的葡萄、胡桃以及苜蓿(mù xu)等都是张骞从西域引进的。后来西域的乐器——琵琶，还有印度的佛教也都由这条丝绸之路传到了中原。

张骞出使西域最大的贡献是开辟了著名的丝绸之路，对当时及后世的影响巨大而深远。

昭君出塞

汉宣帝刘询在位期间，继续加强统治，国力日益强大，汉朝又进入一个强盛时期。此时，匈奴内部争来争去，形成郅(zhì)支单[chán]于和呼韩邪[yé]单于南北对峙(zhì)的局面。最后，郅支单于打败了呼韩邪单于。为了部落的生存，呼韩邪单于带兵南移，同大臣们商量后，投降了汉朝。

公元前51年，呼韩邪单于到长安朝见汉宣帝。由于呼韩邪是第一个到中原朝见的单于，汉宣帝非常重视，亲自带领文武百官到长安城外迎接，还在临朝大殿为他举行了盛大的宴会。

呼韩邪对汉宣帝的盛情款待非常感动。他在长安住了一个月，要求汉宣帝帮助他回去，汉宣帝答应了。在他回去的时候，汉宣帝派长乐卫尉董忠、车骑都尉韩昌等，带领一万六千万名骑兵护送他回国。汉宣帝还派人先后送去了三万四千斛(hú)粮食接济匈奴人，帮助他们度过饥荒，使呼韩邪部落又强大起来。西域各国看到此情景，也纷纷效仿，争相与汉朝和好。

汉宣帝如此盛待呼韩邪单于，意在落实贯彻他的怀柔政策，以此感召西域各国，从而打通中西和睦交流之路。

汉元帝即位没几年，匈奴郅支单于侵略西域各国，还杀了汉朝派去的使者。为了打击郅支单于的嚣张气焰，汉朝联合西域各国，共同出兵打下了郅支城，杀了郅支单于。

郅支单于一死，呼韩邪单于的地位稳定了。汉元帝竟宁元年（公元前33年）正月，呼韩邪单于又一次到长安来。他为了表示要和汉朝世世代代友好下去，请求汉元帝答应他跟汉朝结亲。汉元帝同意了他的请求。

按以前的惯例，汉朝与匈奴和亲都是选公主或皇亲国戚的女儿。而这次，汉元帝决定选个宫女代替公主远嫁匈奴。他吩咐太监到后宫传话："愿意到匈奴去的，皇上就把她当公主一样对待。"

后宫的宫女都是民间选来的。虽然她们希望飞出皇宫这个鸟笼，但塞外天寒地冻，语言不通，生活习惯大不一样，因此，她们又犹豫了，谁都不愿意报名应选。

有个叫王嫱（qiáng）的宫女，学名叫作昭君，长得十分美丽，又很有见识。她刚入宫不久，为了离开皇宫，她毅然报名，自愿到匈奴和亲。元帝吩咐为王昭君准备嫁妆，并且找了一个匈奴女人，给王昭君详细讲解匈奴的生活习惯，教她学习匈奴语言，演奏琵琶、胡琴等西域地方乐器。王昭君聪明勤学，没有多久，就都逐一学会了。汉元帝又吩咐大臣择个良辰吉日，让呼韩邪单于和昭君在长安成亲。

到了结婚那天，新郎呼韩邪单于按照汉朝的风俗习惯，亲自来长安迎娶新娘王昭君。汉元帝赏赐给他们许多财物，并设宴为他们送行。新郎新娘离开长安去匈奴的时候，文武百官一直送到十里长亭。王昭君抱着琵琶，骑在马上，望着自己的祖国、自己的家乡，内心交织着欢乐和忧愁的情绪。王昭君在马的脊背上思索了一阵，很快就把自己这种矛盾的心情谱成了一首曲子，一边走着一边弹奏起来，人们把这首曲子称为《昭君怨》。其实，这首曲子的内容并不完全是展现昭君忧愁怨恨的情绪。后来有人把王昭君叫作汉明妃，《昭君怨》就又被人叫作《明妃曲》。

呼韩邪单于得到了一个年轻美貌的妻子，非常高兴。传说呼韩邪单于和王昭君向汉元帝谢恩的时候，汉元帝看到昭君又美丽又大方，他惊讶自己的后宫竟有这般仙女而自己却不知晓，后悔当初没有先见过昭君。他想把王昭君留下，可是已经晚了。

汉元帝回到内宫，找出昭君的画像来看，发现画像并不像昭君本人那样美丽。原来是因为画工毛延寿没有收到昭君的礼物而故意把她画丑的。汉元帝一气之下，把毛延寿杀了。

王昭君不是一个人北上匈奴的，她带着中原所有的文化，所到之处，无不春暖花开。她一个人影响着整个匈奴及中原人民的生活。她让一个太平盛世，在这一片不宁静的天空中漫延开来。

王昭君远离家乡出塞到了匈奴，一心一意帮助呼韩邪发展匈奴的生产事业，又改革了一些牧民的风俗习惯。她和匈奴人相处得很好，匈奴人都喜欢她，尊敬她。从王昭君到匈奴时起，匈奴人学会了使用从汉朝输入的农业生产工具，逐步发展了农业生产，基本上解决了粮食的自给自足。随着农业生产的发展，畜牧业更加发达，人民生活有了显著改善，出现了人畜两旺的繁荣景象。

王昭君是匈奴单于的妻子，地位与汉朝的皇后差不多，她一方面精心服侍单于，使得夫妻恩爱；另一方面，她体贴爱护臣民，以身示范，使得同去的汉人与匈奴人相处得亲如一家。昭君凭借自己的品德、知识与智慧，博得人们的好感。昭君出塞以后，匈奴和汉朝长期和睦相处，六十多年没打仗。

王昭君年老的时候立下遗嘱，要求在她死后将她安葬在归化郊外，坟墓要坐北朝南，让她能够遥望自己的父母之邦。她去世以后，她的子女们在归化郊外选了一块向阳的水草丰茂的小坡地，为她修建了坟墓。沙漠地区寒冷干燥，大多数地方只在夏季很短的一段时间才长青草。可是，据说昭君墓得天独厚，墓上的草生长期特别长，一年的大部分时间都是青葱葱绿油油的。因此，后人就把昭君墓称为“青冢(zhǒng)”。昭君的这种自我牺牲精神受到后人的称赞。她的故事后来被人们写进诗词、戏曲、小说中，广为传颂。

笼罩四野的黄昏和风尘漫漫的大漠，什么都可以无情地吞噬，唯独消化不了这一座墓草葱绿的青冢，这青冢在苍茫天地间便格外引人思忖。

佛教东传

有一次，汉明帝做了个梦，梦里看见有个金人，头顶上有一道白光，绕着其飞行，忽然升到空中，往西去了。

第二天，他把这个梦告诉大臣们，许多大臣说不出那个头顶发光的金人是谁。有个博士傅毅说："天竺（zhú）有神名叫佛。陛下梦见的金人准是天竺的佛。"

傅毅所说的天竺，是佛教创始人释迦牟尼出生的地方。释迦牟尼出生在约公元前565年，原是个王子。传说他在二十九岁那年，抛弃了王族的舒适生活，出家修行。他创立了一个宗教，叫作佛教。

释迦牟尼到处宣传佛教的道理。他传教四十多年，收了不少信徒，大家尊称他"佛陀"。他死了以后，他的弟子把他生前的学说记载下来，编成了经，这就是佛经。

傅毅的话，引起了汉明帝的好奇心。他就派蔡愔（yīn）和秦景两名官员到天竺去求佛经。蔡愔和秦景经过千山万水，终于到达了天竺国。天竺人听说中国派使者来求佛经，表示欢迎。天竺有两个沙门，一个叫摄摩腾，一个叫竺法兰，向蔡愔和秦景传授佛经，使他们懂得了一些佛教的道理。蔡愔和秦景就邀请他们到中国来。

公元67年，蔡愔和秦景带着两个沙门，用白马驮着一尊佛像和四十二章佛经，经过西域，回到了洛阳。汉明帝并不懂佛经，对佛教的道理也不清楚，但是对送经前来的两位沙门倒很尊敬。第二年他命令在洛白马寺是佛教传入中国后兴建的第一座寺院，有中国佛教的“祖庭”和“释源”之称，距今已一千九百多年。现存的遗址古迹为元、明、清时所留。

阳城的西面按照天竺的式样，造一座佛寺，把送经的白马也供养在那儿，这座寺就叫白马寺。

汉明帝并不懂佛经，王公大臣也不相信佛教，到白马寺里去烧香的人不多。只有楚王刘英倒十分重视，专门派使者到洛阳，向两位沙门请教。两个沙门就画了一幅佛像，抄了一章佛经交给使者。使者带着佛像和经书回到楚王的封国，楚王刘英真的在宫里供起佛像来，早晚礼拜。

这种做法自然是犯忌的，最易引起君王的疑心。在封建帝制时代，伴君如伴虎，一举一动若触犯了朝廷大忌，就会随时遭到灭顶之灾，甚至株连他人。

楚王刘英是个有野心的人，他借着信佛的名义，结交一批方士，还用各种迷信的手法欺骗人。公元70年，有人向汉明帝告发，说楚王刘英纠集党徒，自己设置官员，想造反。汉明帝派人一调查，认为刘英确实有谋反的迹象，就把楚王的爵位革了，把他送到丹阳。刘英到了那儿，自己觉得罪行严重，就自杀了。

汉明帝还派人专门查办跟刘英有往来的人。楚王刘英曾经把与他交往过的全国有名的人编在一本名册里。这个名册被搜查出来后，官府就按照名册一个个逮了来，受到牵连的人很多。这样折腾了一年多，逼死了不少人。

后来，有个大臣劝说汉明帝，认为被逮的大多是受冤屈的人。汉明帝亲自查问一下，果然发现洛阳监狱关着一千多无辜受累的人。他才下了一道诏书，把他们赦免了。

汉明帝虽然派人求经取佛像，但他其实并不相信佛教，倒是提倡儒家学说。他还亲自到太学去讲过经。据说去听讲的和观看的，竟有十万人之多。

从汉明帝开始，佛教进入中国并不断发展壮大，后来成为中国最大的教派之一。

蔡伦造纸

蔡伦（？——121年），字敬仲，东汉桂阳郡人，完善了我国的造纸术。蔡伦出身卑微，但很有才学。公元75年入宫为宦官，担任职位较低的小黄门，后来升为中常侍，掌管宫内杂事，参与机要大事的谋划，成了皇帝的亲信。他为人正直，敢于向皇帝坦率直谏，办事认真尽职，很受朝臣敬重。97年，升任尚方令，负责皇宫内的手工作坊，专门为皇帝制造刀剑和其他器物。

蔡伦平时注意观察各种社会现象，爱动脑筋，富有想象力和创造力，富于技术革新精神。在担任尚方令期间，他创造了新的植物纤维纸，对造纸术的改进和推广做出了卓越的贡献。

我国大约在三千五百年以前的商朝，就有了比较完备的文字，当时的文字是刻在龟甲和兽骨上的，叫作甲骨文。到了春秋战国时期，用竹片和木片代替了龟甲和兽骨，称之为竹简和木简。“简”同龟甲兽骨相比已经便利多了，但是仍然十分笨重。战国时，思想家惠施外出讲学，随身携带的书就装了五车，所以有“学富五车”的典故。这样多的简册，运输、存放都很麻烦，人们由此用“汗牛充栋”来形容。与此同时，人

甲骨文是中国的一种古代文字，是汉字的早期形式，有时候也被认为是汉字的书体之一，也是现存中国王朝时期最古老的一种成熟文字。

们又用缣(jiān)帛写字。缣帛是蚕丝的织造品,质地轻薄,便于书写,但是价格昂贵,来之不易。后来由于缣帛的演化和发展,产生了原始的纸。

2世纪初,蔡伦从制造丝织品的过程和前人造纸的经验里受到了很大的启发,创造性地发明了用麻头、破布、树皮和旧渔网等做原料的方法来进行造纸。特别是用树皮做原料,是近代木浆纸的雏形,为造纸业的发展开辟了广阔的途径。

蔡伦造纸的基本工序是:首先把原料切碎,捣成浆状物,再经过蒸煮,除去杂质,然后在席上摊成薄片,放在阳光下晒干。用这种方法造出来的纸,表面细致、光滑,书写性能好,颜色洁白,长期保存也不会退色变黄。今天,手工造纸基本上被机器造纸所代替。但是,造纸的基本工序并没有什么变化。

105年,蔡伦把他监造的第一批纸呈献给朝廷,受到汉和帝的称赞,从此,他的造纸术得到广泛推广。这种纸张体轻价廉,深受人们欢迎。公元8世纪,阿拉伯人才开始用破布造纸;15世纪,德国、意大利等国才掌握这种造纸技术。

可见我国东汉时期的科学技术遥遥领先于世界其他国家。

蔡伦用简单的设备,从纺织品废料中制成植物纤维纸,是人类文化史上的一件大事。造纸术是我国古代科学技术“四大发明”之一。它不仅对我国科学文化的发展起了促进作用,也是我们中华民族对世界文明的伟大贡献。

造纸术与指南针、火药、印刷术一起,给我国古代文化的繁荣提供了物质技术基础。纸的发明结束了古代简牍繁复的历史,大大地促进了文化的传播与发展。

蔡伦之后,我国历代造纸工人在蔡伦造纸技术的基础上,又不断改进和提高工艺,拓展原料的品种和来源,制成适应各种用途的纸张。我国的造纸术后来传到越南、朝鲜、日本及欧洲、美洲等国,对世界造纸业的发展起到了不可磨灭的作用。

黄巾起义

东汉末年，宦官和外戚争权夺势，社会秩序混乱不堪。当国库里的钱不够用时，昏庸的汉灵帝居然公开卖官。只要有足够的钱，任何人都可以买到自己想要的官职，而且还可以赊账。而这些人上任后，就搜刮民脂民膏，所以这个时候的汉朝充满了黑暗和腐败，被压迫得走投无路的老百姓只好纷纷起来抗争。

在句章有个叫许生的人起兵造反，很快就聚集了上万人。汉灵帝派兵镇压，却被起义军打败了。直到174年，吴郡司马招募人马，联合州郡的官兵才打败许生的起义军。但是此时，全国已经到处都酝酿着新的起义。

巨鹿郡有兄弟三人，老大张角、老二张宝、老三张梁。其中张角懂得医道，经常给穷人治病而不收钱，所以当地的穷人都很拥护他。他看到朝廷这样腐败黑暗，就决定起兵造反。为了组织群众，张角创立了一个教会——太平道。他让他的弟弟和一些弟子周游各地，一边治病，一边传教。经过十几年的努力，越来越多的人相信太平道，全国各地的教徒发展到数十万人。

中国历代造反者在起事之前，都要暗中组织秘密会社，形成自己的宣传和组织结构，以此扩大群众基础。

张角对全国的弟子进行统一管理，把八个州的几十万农民都组织起来，分成三十六方。大方一万多人，小方六七千人，每方都有一个首领，这些首领都由张角统一指挥。

起义之前的保密工作至关重要，但告密者难防，起义功败垂成，随之而来的是统治者的疯狂报复。

他们约定在“甲子”年（184年）三月初五，在洛阳和其他地方同时起义。可是，在离起义还有一个月的时候，有人叛变了，将起义的事情告诉了官府，朝廷立即在洛阳进行搜捕。当时在洛阳负责联络的马元义被逮捕杀害了，同时被杀害的还有一千多人。

面对这样的不利局面，张角当机立断，决定立即起义。全国三十六方的起义军接到起义的命令后，立即起义。他们头上裹着黄巾作为标记，所以称为“黄巾军”。

黄巾军所到之处，打土豪、杀官吏，打开粮仓把粮食都分给了老百姓。他们的行动立即得到了群众的响应，不到十天的时间，全国的群众纷纷造反，各郡县告急的文书源源不断地飞向朝廷。

何进本来是个屠夫出身，因其妹嫁入宫中被封为贵人，又为灵帝生下皇子刘辩，被立为皇后，何进也因此受到重用，官拜大将军，手握兵权。何进的这条计策虽然对镇压起义军起到了一定作用，却也为后来州郡割据埋下隐患。

汉灵帝慌忙封何进为大将军，派出大批人马，分两路去镇压黄巾军。但是因为全国到处都在起义，官兵根本招架不住。于是何进请求汉灵帝下诏，吩咐各州郡自己招募人马，对付黄巾军。

黄巾军进行了顽强的抵抗，但在这关键时刻，张角不幸病死，张梁和张宝在料理哥哥丧事时，放松了警惕，被官兵乘虚而入，双双战死。这样，在朝廷和地方豪强的血腥镇压下，黄巾军在奋战了九个月后，终于被镇压了。

黄巾起义虽然失败了，但腐朽的东汉王朝在经过这场大规模的起义后，也摇摇欲坠了。

桃园三结义

正当曹操的势力日益壮大的时候，刘备的势力也渐渐发展起来。

刘备是涿郡人，字玄德，据说是西汉皇帝的本家中山靖王刘胜的后代。不过传到他这一代的时候，家境已经很贫苦，只能靠和母亲一起编卖草席、麻鞋过日子。东汉灵帝末年，社会发生动乱，刘备得到中山富商张世平、苏双的帮助，招募(mù)义兵，组织地主自卫武装。关羽、张飞前来应募。张飞，字翼德，是刘备的同乡。他性情暴躁，但为人直率，有什么就说什么。他有一身武艺，好见义勇为。关羽，字云长，是河东解良人。他因打抱不平，去县衙把县令和他的小舅子杀了。闯了杀身之祸，关羽不得不逃离家乡。关羽过了潼关，东行到涿郡，结识了张飞。恰好刘备招兵，他俩就去报名了。刘备看他们武艺高强，很有才干，就和他们在张飞家的桃园里结拜为兄弟。他们对天发誓，表示要同心协力，干出一番事业。这就是历史上有名的“桃园结义”的故事。

这段话交代了刘、关、张的出身、性格和特长，使“桃园结义”顺理成章。

刘、关、张桃园结义后，一边招兵买马，一边打制兵器，扩充自己的武装力量。刘备的兵器是双股剑，张飞的丈八蛇矛以刺为主，关羽的青龙偃月刀以劈砍为主，而刘备的双股剑则兼具刺和劈砍的功用。

寒光闪闪；关羽的兵器是一把大刀，刀形如一弯明月，刀上有青龙图案，所以叫作青龙偃月刀；张飞的武器最特别，是一支一丈八尺的长矛，那矛如同一条吐着芯子的毒蛇，因此叫作丈八蛇矛。他们三个带着招募来的士兵，在镇压黄巾军起义中立了功。刘备被封为安喜县县尉，主管一县的军事。

刘备刚刚上任几个月，代表郡守督察下属各县官吏的督邮就来到安喜。这位督邮大人贪赃成性。刘备因为没给他送礼，督邮气得要查处他，张飞把他打了一顿，刘备把大印往他脖子上一挂，便骑上马辞官走了。刘备带着关羽、张飞去投奔公孙瓒(zàn)。他们在公孙瓒那儿讨伐了叛乱称帝的张纯、张举，立下战功。朝廷不但免了刘备打督邮的罪，而且任命他为别部司马。后来，又任命他为平原相，关羽、张飞为别部司马。刘备哥仨，再带上赵云，一起去上任了。赵云，字子龙，常山郡真定人。他身强力壮，武艺超群，为人正派。他和刘备哥仨情同手足。一天，他们收到陶谦的求援信。陶谦现任徐州牧，他的部将张闿(kǎi)贪图钱财，抢走了曹操父亲的全部财宝，并杀了曹家老小。曹操恨得咬牙切齿，当即下令，三军戴孝出征，立誓要杀死陶谦。陶谦抵挡不住，便求救于刘备。于是刘备带领三千人马前去援救，逼走了曹操。

由此可看出刘备很仗义，这是刘备与曹操的第一次交锋。此番义举也为刘备积蓄了人脉。

陶谦对刘备感激不尽。他认为刘备是个人才，就给刘备四千人马，把他留了下来。陶谦立刘备为豫州刺史，请刘备驻扎在小沛。后来，陶谦死了，刘备继任徐州牧。被曹操打败的吕布、陈宫前来投奔刘备。刘备让吕布屯兵小沛，吕布虽不满意，可也不好说什么。不久，袁术为了扩充地盘，就发兵攻打徐州。刘备安排张飞和下邳(pī)相曹豹镇守下邳，自己同关羽进军到盱(xū)眙(yí)迎战。袁术和刘备交战一个多月，不能取胜，就以二十万斛军粮、五百匹战马为交换，约请吕布袭击徐州，同灭刘备。吕布本来就是个反复无常的人，看到有利可图，就接受了袁术的条件，乘着张飞酒醉，攻占了下邳。张飞带着少数人去找刘备、关羽。

袁术也是个言而无信的人，他并不是真要给吕布军粮战马，吕布便与刘备讲和。袁术看到吕刘讲和，对自己占领徐州不利，就故技重施，多方拉拢吕布，与其结成儿女亲家，挑拨吕刘之间的关系。吕布听信了袁术，带兵去打刘备。刘备已经兵损将折，敌不过吕布，就带着关羽、张飞，以及一些亲属官员，连夜逃到许都——曹操的势力中心。

袁术与吕布是一丘之貉。吕布是个将才，但不算帅才，因为他心性不定，易听信流言，缺乏主见，毫无原则。

刘备虽然住在曹操那里，但心里一直想着要发展自己的势力，他知道曹操对他放心不下，便装出庸庸碌碌的样子，从不关心天下大事，整天只知道浇水、种菜。关羽、张飞不知道刘备变成这样是韬光养晦的策略。

赤壁之战

刘备自从有诸葛亮辅佐之后，依附于荆州刘表的势力，逐步发展壮大。曹操在打败袁绍之后，又陆续消灭了一些地方军阀势力，基本上统一了北方。与此同时，占有长江中下游一带的孙权，也建立了比较稳定的统治。而曹操自从控制了黄河流域以后，自恃(shì)兵力强大，企图进一步统一天下，成就霸业。

曹操求胜心切，傲视群雄，自负轻敌。赤壁之战，曹操战略相当正确，只是战术上出了问题，问题之一就是因为自负而多疑，致使中了周瑜的反间计。

公元208年，曹操率军南下，攻打荆州。此时，刘表早已故去，他的儿子刘琮(cóng)懦弱无能，不战而降，使得曹操顺顺当当地收编了荆州三十万军队，占领了荆襄四郡。这时的曹操可以说是兵精粮足，势不可挡，号称拥有百万雄师，准备与刘备、孙权在赤壁决一死战，彻底消灭这两个强硬的对手。

受刘表派遣驻守新野一带的刘备，见曹军来势凶猛，想抵抗也来不及了，就匆匆忙忙地向江陵退去。江陵是一个军事重镇，又是兵力和物资的重要补给地，曹、刘双方都为争夺此地而日夜兼程。在长坂(bǎn)，曹操赶上了刘备，并且打败了刘备，占领了军事要地江陵。

刘备被打得无路可走，只好从小道到夏口，与刘表的长子刘琦相遇，合兵一处，约有两万人。刘备还碰到了等他很久的孙权的谋士鲁肃。因为孙权接受了谋士“联合刘备、抗击曹操”的建议，并派鲁肃以给刘表吊丧为名，和刘备取得联系。在夏口，鲁肃向刘备坦诚地说明了来意，希望孙、刘能够联合抗曹，这正符合了诸葛亮在隆中同刘备讲的对策。刘备当即决定派诸葛亮为代表，面见孙权共商联盟破曹之计。

诸葛亮辞别刘备，乘船来到了东吴柴桑。孔明先生首先见到的是孙权幕下的二十几位谋士，有张昭、顾雍等人，他们都是力主孙权投降曹操不与刘备联合的投降派。诸葛亮发挥自己的聪明才智，舌战群儒，说得他们哑口无言，不再言降。

这时孙权才出来面见诸葛亮，孔明先生说：“刘备虽然在豫州刚刚吃了败仗，但关云长还有一万多的精兵在手；刘琦也有不下一万人的江夏战士。曹操的军队已征战多日，早已疲惫，就如强弩之末一样，而且他们北方的士兵历来不习惯于打水仗。如果将军能够与刘备联合的话，同心协力，一定能打败曹军。”孙权听后，连连点头，觉得确实如此。

诸葛亮知己知彼，对敌我强弱分析得非常准确，坚信孙刘联盟一定能打败曹操，从而赢得了孙权的信任，迈出了联吴抗曹的关键一步。

此时恰好周瑜前来。原来周瑜正在鄱阳湖训练东吴水师，听说曹操大兵将至，便急忙赶回柴桑商议军事。

周瑜见到孙权便说：“曹操虽然表面强大，但也不一定能取胜。韩遂、马超现正在关西，时刻威胁着曹操的后方。曹军不用步兵，而用水战来和我们的军队较量，这是弃长用短。现在天气寒冷，北方战马多不适应。中原士兵千里迢迢来到江南水乡，水土不服，必定发生疾病。这些都是用兵的大忌。我要求率领精兵进驻夏口，保证不日会为将军打败曹操。”

英雄所见略同，周瑜对曹军的分析也是一针见血，“弃长用短”正是曹操这次用兵的最大失误，也正是周瑜对打败曹军充满自信的原因所在。

周瑜这番分析判断与诸葛亮说的不谋而合，使孙权坚定了信心。只见孙权站了起来，拔出佩剑，“咔嚓”

一声，把面前的案几砍去一角。他声色俱厉地说："谁要是再提投降曹操的话，就跟这案几一样。"

第二天，孙权亲自任命周瑜为左督都，率领东吴精锐水师与刘备联合，准备和曹操决一死战。

此时在三江口，曹操的先锋蔡瑁(mào)、张允等已率战船杀来。东吴大将甘宁率船队迎战。只一个回合，便将曹军船队冲散。那些曹军确实不习惯水战，在不断摇晃的战船上根本站立不住，纷纷落水。

初次交锋，曹军就吃了败仗。于是曹操决定派谋士蒋干前去说降东吴。蒋干却中了周瑜的计，以为曹军中熟悉水战的大将蔡瑁、张允已经投降，于是他半夜偷偷跑回曹营，报告了曹操。曹操一怒之下将蔡、张二人推出帐外斩首，曹军诸将领皆感到惋惜。

周瑜这一计不仅使蒋干中计，也让生性多疑的曹操中了计，决定了此战东吴的胜利。

这时候，由于北方来的曹军士兵不习惯于水中作战，大多数都已疲惫至极，并引发了一些疫病。曹军中的谋士庞统献计，即将战船用铁索等物连接起来，并在上面铺上木板，使之非常牢固稳定。但是这样一来，虽然战船平稳了，士兵也习惯了，却产生了船只行动不便，遇到紧急战事无法立即分开迎敌的致命弱点。

东吴的老将黄盖得知曹操的这一做法后，和周瑜商量用火攻。他们决定用苦肉计的方法来实施。一天，周瑜升帐商议军事，黄盖上前说："我军和曹操对峙多日，粮草已经接济不上，不如与曹操讲和算了。"

一大把年纪了，为了抗曹，还要忍受巨大的皮肉之苦，老将风范感人至深。

周瑜听后勃然变色，拍案大怒道："我奉主公孙权之命，率军抗曹，在这么关键的时候，你却来谈投降之事，乱我军心。立即推出帐外重打一百军棍，以示服众。"被重打了五十棍之后，黄盖已皮开肉绽，鲜血直流，昏死过去好几次。在众人的多次劝说下，周瑜才下令停手，放过黄盖。但周瑜怒打老将黄盖之事早有奸细报告了曹操。

此时黄盖写了一封降书，偷偷送给了曹操，表示要脱离东吴投降曹操。曹操一听喜出望外，以为黄盖真的来投降了。黄盖准备好二十多艘火船，船头都钉满大钉子，船内装满芦苇、干柴等物，并洒上硫磺、焰硝等易燃品，外面都用青布遮盖好，在船头插上青龙旗帜，还准备了一大批轻快的小船系在船尾。

平时非常多疑的曹操，此刻却一反常态，可见曹操深知老将黄盖的厉害。现在心腹大患来降，怎能不让他喜出望外呢？这也说明黄盖的苦肉计表演得太真了。

这一天夜半三更时分，天气突然发生了变化，刮起了东南风。黄盖率领一群士兵分乘十几艘大船，向曹营驶去，那些轻便的小船紧随其后。船队到了江心，只见狂风大作，波浪翻滚。黄盖命令士兵扯起船帆，展开所有青龙旗帜，上面写有“黄盖”的名字。曹军中的官兵看到写有“黄盖”的船到来，以为是来投降的，都纷纷出营来观看。就在这时，黄盖命令把所有船上的易燃物品全都点着，然后跳上后面的小船，解开绳索，让火船向曹军冲去。

大船顺着风势，像离弦的箭一般直向曹军水寨冲去。曹军将士见此情景，顿时吓得阵脚大乱。曹军的船因为被锁连在一起，一时无法解开，遇火便一齐燃烧蔓延开来。风强火猛，曹军扑也扑不灭，顿时乱成一团，烧死和淹死的人不计其数。

“火攻”不是随意的，也不是凭空想象的。它来自于战前东吴对敌我双方情况的正确分析和判断，东吴军从中看到了自己的长处和不足，做到了知己知彼，因此他们扬长避短攻击曹军的弱点，取得了最后的胜利。

孙、刘联军看见北岸烈火冲天，知道黄盖已经得手，乘势驾船猛杀过去。曹军抵挡不住，被孙、刘联军杀得大败。曹操只好带领残兵败将，从陆路向江陵逃命。周瑜和刘备率领军队水陆并进，一路上追杀曹军无数。曹操逃到江陵后，留下曹仁等人驻守。

就这样，赤壁之战中曹操大败，孙权在长江中下游的地位得到了巩固。刘备占据了湖北、湖南的大部分地区以及四川。此时，三国鼎立已成雏形。

名医华佗

华佗，是我国历史上一位著名的医学家，和曹操是同乡。华佗自小熟读经书，尤其精通医学。不管什么疑难杂症，到他手里，大都药到病除。当地官员和朝廷太尉听说了华佗的名声，征召他做官，华佗推辞不去。

华佗诊病极其准确。一次，有两个官员闹头疼发热，先后找华佗看病。华佗问明病情，给一个开了泻药，另一个开了发汗药。有人在旁边看华佗开药方，问他为什么病情相同，用药却不一样。华佗说："这种病表面看来一样，其实不同。前一个病在内部，该服泻药；后一个只是受了点风寒，所以让他发发汗就好了。"这两个人回去服了药，病果然好了。

还有个姓李的将军，请华佗给他妻子治病。华佗去了，一摸脉象，说："这是怀孕时候伤了身子，胎儿留在肚子里了。"李将军说："我妻子已经小产过，胎儿已经下来了。"华佗说："大概你妻子原来怀的是双胞胎，一个先小产下来了，另一个仍然留在肚子里。"华佗给病人服了汤药，又给她扎针，果然产了一个死胎，病人很快就恢复健康了。

这个颇富神奇色彩的事例，说明华佗医术极其高明，一般的医生难以望其项背。

华佗不但能治内科，还善于开刀做手术。他配制出一种麻醉剂叫麻沸散。有个病人患肚痛病，痛得厉害，过了十多天，胡须眉毛全脱落下来。华佗一诊断，说："这是脾脏溃烂了，得赶快开腹治疗。"华佗让病人服了麻沸散，打开腹腔，把坏死的脾脏切除，再缝好创口，敷上药膏。过了四五天，创口愈合，一个月之后，病人就康复了。

历史书记载的有关华佗治病的传说还有很多，但是华佗无与伦比的医术却是真实的。

曹操一直患头风病。一紧张，头风病就发作，痛得受不了。他听说华佗的医术高明，就把华佗请来，华佗扎了几针，头痛就好了。曹操不肯放他走，把他留下来做了随从医官，好随时给他治病。

悬壶济世是华佗一生的理想，但生不逢时，又偏偏碰上了曹操这个克星，注定是悲剧命运。

华佗行医是为了济世救人，造福更多的黎民百姓，当然不愿意只做一个人的医生。有一次，他借口回家探亲，顺便去取点药，曹操没有怀疑，让华佗走了。华佗回到家里，托人给曹操捎了一封信，说他妻子病得厉害，一时回不了许都。曹操一再催促，华佗还是拖着不去。曹操又命令郡县官吏去催，也碰了软钉子。这可惹恼了曹操，曹操派个使者到谯(qiáo)县去调查。并告诉使者，如果调查下来，华佗妻子确实有病，就送他四十斛小豆，听任华佗推迟假期；要是华佗谎言搪塞，就把华佗抓来。调查结果下来，华佗被抓走了。

华佗其实是死于曹操的多疑。华佗给曹操治病，说要全部治好需要先麻痹脑部，然后用利斧砍开脑袋取出"风涎"，这样可能去掉病根。多疑的曹操以为华佗是要借机杀他，为关羽报仇，于是命令将华佗杀害。

曹操把华佗抓到许都，他认为华佗故意违抗他的命令，是大逆不道的行为，下令把华佗处死。

谋士荀彧(yù)认为这个处罚太重了，劝曹操从轻发落。曹操本来也是个爱惜人才的人，可是自从他打败袁绍后，就有点骄傲起来；再说，他正在气头上，哪肯听荀彧的劝阻，就下令把华佗杀了。

华佗被捕离开家乡的时候，随身还带着一部医书，这是他根据多年来行医所积累的经验写成的。他没想到得罪曹操竟会招来杀身大祸。他觉得让这部书湮（yān）没太可惜，就在临刑前一天，把狱吏请来，对他说："请您把这部书好好保存，将来可以靠它来治病救人。"

狱吏胆小，怕接了这部书，会受到牵连，所以说什么也不肯保管。

曹操不但要了华佗的命，还使一部重要的医书毁于一旦，真让人扼腕叹息。

华佗十分失望，他叹了口气，向狱吏要来火种，在监狱里把书一把火烧毁了。

华佗死后，曹操的头风病就再也没有人能治好了。但是曹操并不肯承认自己做错了事，直到他的小儿子仓舒死了，他才懊丧万分。

华佗死后，他的几个学生继承他的事业，继续为百姓治病。可惜记载华佗经验的那部医书失传了。

七擒孟获

章武三年(223年)春天,刘备在永安的病势越来越重。他把诸葛亮从成都召到永安,嘱咐后事。他对诸葛亮说:"您的才能比曹丕高出数十倍,一定能够把国家治理好。我的孩子阿斗,您认为可以辅助,就辅助他;如果不行,您就自己来做一国之主吧。"然后又对儿子说,对待丞相要像对待父亲一样尊敬。

刘备话中有话,看似平常,玄妙无比,水平相当高超。刘备当然也不希望诸葛亮真的去篡位,刘备把话说到这个分上,诸葛亮若凭良心,就不该去篡位,若不凭良心,就有条件篡位。

刘备死后,诸葛亮扶助刘禅即位,历史上称其为蜀汉后主。刘禅即位后,朝廷上的事不论大小,都由诸葛亮来决定。诸葛亮受刘备生前所托,尽心辅佐后主,他仍坚持联吴抗曹的战略,与东吴修好,并兢兢业业治理国家,想使蜀汉兴盛起来。没料到南中地区几个郡反而先闹起来。

益州郡有个豪强雍闿(kǎi),听说刘备死了,就杀死了益州太守,发动叛变。他一面投靠东吴,一面又拉拢了南中地区一个少数民族首领孟获,叫他去联络西南一些部族起来反抗蜀汉。

经过雍闿的煽动,牂(zāng)柯太守朱褒也都响应雍闿。这样一来,蜀汉差不多丢了一半土地,怎么不叫诸葛亮着急呢?可是,当时蜀汉刚遭到猇(xiāo)亭大败和先主死亡,顾不上出兵。诸葛亮一面派人和东吴重新讲和，稳住了这一头；一面奖励生产，兴修水利，积蓄粮食，训练兵马。过了两年，局面稳定了，诸葛亮决定发兵南征。

公元225年3月，诸葛亮率领大军出发。诸葛亮的好友马谡(sù)送他出城，一直送了几十里路。临别的时候，诸葛亮握住马谡的手，诚恳地说："临别之际，您有什么好主意告诉我吗？"

马谡虽是个只会纸上谈兵的主儿，但他这一番话却极有见地，深获诸葛亮的心。诸葛亮赏识马谡不无道理，但他没想到成也马谡，败也马谡。

马谡说："南中的人依仗地形险要，离都城又远，早就不服管了。即使我们用大军把他们征服了，以后还是要闹事的。我听说用兵的办法，主要在于攻心，攻城是次要的。丞相这次南征，一定要叫南人心服，才能够一劳永逸。"此话，也正合诸葛亮的心意。

诸葛亮率领蜀军向南进军，节节胜利。四个郡的叛乱很快就平定了。

但是事情还没有结束。南中酋长孟获收集了雍闿的散兵，继续反抗蜀兵。诸葛亮一打听，知道孟获不但打仗骁勇，而且在南中地区各族群众中很有威望。

诸葛亮想起马谡的话，决心把孟获争取过来。他下了一道命令，只许活捉孟获，不能伤害他。好在诸葛亮善于用计谋，蜀军和孟获军队交锋的时候，蜀军故意败退下来。孟获仗着他人多，一股劲儿追了过去，很快就中了蜀兵的埋伏。南兵被打得四处逃散，孟获本人被活捉了。

孟获被押到大营，诸葛亮立刻叫人给他松绑，好言好语劝说他归降。但是孟获不服气，说："我自己不小心，中了你的计，怎么能叫人心服？"

诸葛亮一面安抚劝降孟获，一面用自己的军事实力震慑孟获。这是攻心计的第一步。

诸葛亮也不勉强他，陪着他一起骑着马在大营外兜了一圈，看看蜀军的营垒和阵容，然后又问孟获："您看我们的人马怎么样？"

孟获傲慢地说："以前我没弄清楚你们的虚实，所以败了。今天承蒙您给我看了你们的阵势，我看也不过如此。像这样的阵势，要打赢你们也不难。”

诸葛亮爽朗地笑了起来，说：“既然这样，您就回去好好准备一下再打吧！”孟获被释放以后，逃回自己的部落，重整旗鼓，又一次进攻蜀军。但是他本是一个有勇无谋的人，哪里是诸葛亮的对手，第二次又乖乖被活捉了。诸葛亮劝他归降，见他还是不服，就又放了他。像这样放了又捉，一次又一次，一直把孟获捉了七次。

简要叙述诸葛亮对孟获的七擒七纵，突出诸葛亮过人的智谋胆略。

孟获第七次被捉的时候，诸葛亮还要再放，孟获却不愿意走了。他流着眼泪说：“丞相七擒七纵，待我可说是仁至义尽了。我打心底里敬服。从今以后，不敢再反了。”孟获回去以后，还说服各部落全部投降，南中地区重新归蜀汉控制。

诸葛亮平定南中后，命令孟获和各部落的首领照旧管理他们原来的地区。有人对诸葛亮说：“我们好不容易征服了南中，为什么不派官吏来，反倒仍旧让这些头领管呢？”诸葛亮说：“我们派官吏去，没有好处，只有不方便。因为派官吏，就得留兵。留下大批兵士，粮食接济不上，叫他们吃什么？再说，刚刚打过仗，难免死伤了一些人，如果我们留下官吏统治，一定会发生祸患。现在我们不派官吏，既不用留军队，又不需要运军粮。让各部落自己管理，汉人和各部落相安无事，岂不更好？”大家听了诸葛亮这番话，都钦佩他想得周到。

这是诸葛亮部落自治的民族政策，达到了双赢的效果。可见诸葛亮既是杰出的军事家，也是高明的政治家。

诸葛亮率领大军回到成都，后主和朝廷大臣都到郊外迎接，大家都为平定南中而感到高兴。打那以后，诸葛亮一面积蓄财富，一面训练人马，一心一意准备大举北伐，收复中原，恢复汉室。

大发明家祖冲之

早在一千五百多年前的公元459年9月15日，我国就有人成功地预测到了月食，并用生动的事实向人们宣布，经过科学测算，月食是可以预知的。他就是我国南北朝时期的杰出科学家——祖冲之。

祖冲之(429—500年)，字文远，出生于一个为朝廷掌管历法的官吏的家庭里。早在青少年时期，祖冲之就对自古以来的天文观测记录和制历方法进行了认真的研究，发现古代所谓“六历”并非远古历法。又经过细致的观测，他发现古历中有很多不够精确的地方，并大胆地对前人的观测和推算加以订正，着手改历的工作。经过艰苦的观测和计算，公元462年，年仅三十三岁的祖冲之完成了《大明历》。这是当时比较先进的历法。

《大明历》比以前的许多古历都精确得多。他是最早把“岁差”引进历法的人。所谓“岁差”，就是地球在运行过程中，由于受到其他天体的吸引与影响，在运行一周后，没有完全回到原来的起点上，而是存在着一段微小的距离，这个差距，天文学上叫作“岁差”。因为“岁差”问题，引起了二十四节气的位置变动。如果不考虑“岁差”，历法也就难以准确了。我国最早发现“岁差”，并主张将“岁差”引进历法的是东晋初年的天文学家虞喜，他计算出“岁差”每五十年西移一度。但他的研究成果并未引起重视，祖冲之根据自己多年的实测和计算，证实了虞喜的发现，并在他制定的《大明历》中第一次把“岁差”引进了历法，他计算出一回归年是365.24281481日，同近代科学测量的结果比较，一年只差46秒。这在我国历法史上是一个划时代的贡献。

祖冲之的《大明历》，还对我国古代传统的“闰法”进行了改革。祖冲之经过精心计算，确定三百九十一年中设一百四十四个闰月的闰法，使《大明历》提高了精确度。祖冲之还在历法计算中第一次引进了“交点月”的概念。所谓“交点月”，就是月亮在天体上运行的路线同太阳在天体上运行的路线有两个交点（也叫黄白交点），月亮两次经过同一交点的时间，叫交点月。由于日食和月食都发生在黄白交点附近，所以测出了交点月，就可以准确地预测日月食。

祖冲之不但精通天文、历法，还是古代数学家中的巨擘(bò)之一。他对圆周率研究的杰出贡献，更是超越前代。圆周率是圆的周长与直径之比。它是计算圆的面积、球体积、圆柱体积等不可缺少的数据。祖冲之从前人计算圆周率的方法中，得到启示：圆的内接正多边形的边数越多，它的面积和圆的面积之间的误差就越小。这已经具备了近代数学上极限的概念。祖冲之就是利用求圆的内接正多边形总边长的方法，求得圆周长度的近似值。他从正六边形开始，再求正十二边形、二十四边形、四十八边形……边数一倍倍增加，依次计算到正两万四千五百七十六边形的边长，得出了圆周率在3.1415926和3.1415927之间这一精确的结论。祖冲之的计算是十分复杂困难的。这样庞大的计算量，没有坚强的毅力和熟练的技巧是无法完成的。

这个数值，一千年之后，荷兰人安东尼兹、德国人奥托才重新得出，欧洲数学家当时还不知道祖冲之早已提出过“祖率”了，误以为首次提出的是荷兰人，故而称之为“安东尼兹率”。我国数学界从来都称之为“祖率”。“祖率”只是祖冲之研究成果之一。他还将数学研究成果汇集成《缀术》一书。《缀术》同《大明历》的命运一样，在祖冲之在世时，均被搁置。祖冲之死后一百多年时，《缀术》才得以问世。

祖冲之的科研成就是多方面的，政治、文学、音乐方面都有研究，他一生的著述很多，有的还被传到国外。

孝文帝锐意改革

公元471年，魏孝文帝即位后，决心采取改革的措施。

魏孝文帝规定了官员的俸禄，严厉惩办贪官污吏；实行“均田制”，把荒地分配给农民，成年男子每人四十亩，妇女每人二十亩，让他们种植谷物，另外还分给桑地；农民必须向官府交租、服役；农民死了，除桑田外，都要归还官府。这样一来，开垦的田地多了，农民的生产和生活比较稳定，北魏政权的收入也增加了。

魏孝文帝是一个政治上有作为的人，他认为要巩固魏朝的统治，一定要吸收中原的文化，改革一些落后的风俗。为此，他决心把国都从平城迁到洛阳。他怕大臣们反对迁都的主张，先提出要大规模进攻南齐。有一次上朝，他把这个打算提了出来，大臣纷纷反对，最激烈的是任城王拓跋澄。

孝文帝发火说：“国家是我的国家，你想阻挠我用兵吗？”

拓跋澄反驳说：“国家虽然是陛下的，但我是国家的大臣，明知用兵危险，怎么能不阻止？”

孝文帝想了一下，就宣布退朝，回到宫里，再单独召见拓跋澄，跟他说，刚才发火，是为了吓唬大家。真正的意思是平城是个用武的地方，不适宜改革政治。出兵伐齐，实际上是想借这个机会，带领文武官员迁都中原。拓跋澄恍然大悟，马上同意了魏孝文帝的主张。

公元493年，魏孝文帝亲自率领步兵骑兵三十多万南下，从平城出发至洛阳，当时，正好碰到秋雨连绵，足足下了一个月，到处道路泥泞，行军非常困难。但是孝文帝仍旧戴盔披甲骑马出城，下令继续行军。

大臣们本来不想出兵伐齐，趁着这场大雨，又出来阻拦。孝文帝严肃地说："这次我们兴师动众，如果半途而废，岂不是给后代人笑话。如果不能南进，就把国都迁到这里。诸位认为怎么样？"

大家听了，面面相觑，没有说话。孝文帝说："不能犹豫不决了。同意迁都的往左边站，不同意的站在右边。"一个贵族说："只要陛下同意停止南伐，那么迁都洛阳，我们也愿意。"许多文武官员虽然不赞成迁都，但是听说可以停止南伐，也都只好表示拥护迁都了。

孝文帝把洛阳这边安排好后，派任城王拓跋澄回到平城，向那里的王公贵族宣传迁都的好处。之后，他又亲自到平城，召集贵族老臣，讨论迁都的事。平城中反对迁都的贵族提出的一条条理由，都被孝文帝驳倒了。最后，那些人实在讲不出道理来，只好说："迁都是大事，到底是凶是吉，还是卜个卦吧。"

孝文帝说："卜卦是为了解决疑难不决的事。迁都的事，已经没有疑问，还卜什么？要治理天下的，应该以四海为家，今天走南，明天闯北，哪有固定不变的道理？再说我们上代也迁过几次都，为什么我就不能迁呢？"贵族大臣被驳得哑口无言，迁都洛阳的事，就这样决定了下来。

孝文帝把国都迁到洛阳以后，决定进一步改革旧的风俗习惯。

有一次，他跟大臣们一起议论朝政。他说："你们看是移风易俗好，还是因循守旧好？"咸阳王拓跋禧说："当然是移风易俗好。"孝文帝说："那么我要宣布改革，大家可不能违背。"

接着，孝文帝就宣布几条法令：改说汉语，三十岁以上的人改口比较困难，可以暂缓，三十岁以下、现在朝廷做官的，一律要改说汉语，违反这一条就降职或者撤职；规定官民改穿汉人的服装；鼓励鲜卑人跟汉族的士族通婚，改用汉人的姓。北魏皇室本来姓拓跋，从那时候开始改姓为元。魏孝文帝名元宏，就是用了汉人的姓。

魏孝文帝大刀阔斧的改革，使北魏政治、经济有了较大的发展，也进一步促进了鲜卑族和汉族的融合。

杨坚建立隋朝

周宣帝昏庸暴虐，残酷屠杀宗室和大臣，弄得人人自危。他只在位两三年，在二十二岁时就去世了，由他的儿子，年仅七岁的周静帝继位。

年仅七岁的小皇帝无力平息国内的风浪，当时一群士大夫便合谋引杨坚入宫辅政，总揽大权。杨坚辅政时，革除了周宣帝所行的暴政，用法较为宽大；又令汉人各复本姓，废弃了周朝所给的鲜卑姓。这都符合了汉族人的愿望；周臣尉[yù]迟迥（jiǒng）、王谦、司马消起兵反抗，都很快被消灭，此时杨坚已获得民众的归心。公元581年2月，杨坚终于废掉年幼的周静帝，自己登上了帝位，建立隋朝，史称隋文帝。

简要交代杨坚登上帝位的经过，杨坚锐意革新、迎合民心的施政特点也一览无余。

隋文帝感到自己得国太容易，怕人心不服，常存警戒之心，力求可以保国的方法。他得出两条保国法：主要的一条是节俭，其次的一条是诛杀。他实行节俭，因而对民众的剥削大力减轻。他实行诛杀，因而豪强官吏不敢过分作恶，也就有助于节俭政治的实施。隋文帝在位二十四年，《隋书》说他"躬节俭，平徭赋，仓廪（lǐn）实，法令行，君子咸乐其生，小人各安其业，强无凌弱，众不暴寡，人物殷阜，朝野欢娱，二十年间天下无事，区宇之内宴如也”。隋文帝政治上的成就，对将近三百年历史乱局的结束是有重要意义的。

得民心者得天下，而收揽民心最好的方法是革除弊政、施惠于民。周宣帝的残暴为杨坚提供了这种资本。他刚一上台即举贤任能，去奸除弊，制定《刑书要制》，尊礼佛道二教，施宽大无为之政，倡勤奋俭朴之风，很快博得朝野一片欢呼。

从辅政开始，杨坚便提倡节俭生活，积久成为风习。隋文帝知人善任，使文臣武将都能各尽其能，竭尽心智为之效力。他奖励良吏，严惩不法官吏，官吏一有贪污行为，便严惩不贷。他的儿子杨俊，因生活奢侈，多造宫室，被勒令禁闭。他执法严明，对当时的社会风气产生了许多有益的作用。他对待民众比较宽和。公元581年，隋文帝制定了隋律，废除前朝酷刑。民众有冤屈，本县官员不理时，允许向州郡上告，最后可上告到朝廷。这些开明的措施都为他赢得了民心。

秦始皇统一天下后所创立的秦制，两汉以至南北朝一直沿袭。隋文帝统一天下后，综合前代各种制度，有沿有革，定成隋制，自唐至清，基本上沿袭隋制，自然具有划时代的意义。

隋文帝简化了地方官制，消除了东晋、南北朝以来的紊乱现象，把民少官多、耗费甚巨的官制扭转了过来。汉魏以下，州郡县长官就地自辟僚佐，就地征辟僚佐，自然多是本地豪强。而隋制，全国任何小官的任用权都在吏部。隋文帝规定，县佐须用别郡人，地方长官不得自用僚佐，县佐回避本郡，使本地人不得把持本地政务。公元583年，隋文帝废郡一级地方长官，只存州县两级；改州为郡，全国有一百九十郡，一千二百五十五县。这些都有利于中央集权的进一步

重要意义体现在：589年，隋文帝结束了自西晋末年到隋统一前近三百年的分裂割据状态，实现了自秦汉以来中国的又一次统一，使北方民族大融合、南方经济发展。

从某种意义上来说，除了秦始皇，隋文帝是中国历史上最伟大的皇帝。隋文帝推行汉化，为后来唐宋汉文化大发展奠定了基础。隋唐时期也是全世界公认的中国最强盛的时期。

加强。

秦代的律法残酷，汉沿秦律，直到南北朝一脉相承。公元581年，隋定新律，废除前世枭(xiāo)首、车裂等酷刑，标“以轻代重、化死为生”的律意，比秦汉刑律确有很大的改进。隋文帝毅然废去已不符合时代要求的汉代的辟举制、魏晋以来的九品中正制等，行科举之制。虽尚未完备，但对于当时社会各阶层、各阶级中的才智之士来说，参政施才的门户毕竟是敞开了。他还改革了兵制和度量衡。

隋文帝废除酷刑，大大减少了法律的残酷和野蛮性，在中国法制史上具有划时代意义。

上列隋文帝所定制度，显然是总结了秦汉至南北朝一段时期的制度，从而将制度提高到新的阶段。唐以后历朝的制度，都溯(sù)源于隋制。一般说来，隋中央集权制比秦汉又有所加强。

隋文帝在行政方面以安定社会、巩固政权为目标，实施了一系列政策，并确实取得了很大的成效。由于当时隋朝立国不久，百废待兴，因而隋文帝采纳了长孙晟(shèng)所提出的“远交而近攻，离强而合弱”的战略构想，用了七年的时间，便逐步征服了突厥(汉代用了一百年才达到这一结果)。

不遗余力地勤政，是隋文帝为君的特色。他每日坚持上朝，听取各级的奏报。闲暇时，乘舆车四处访问，途中遇见上表者也仔细询问，极有耐心。由此，官场的得失，民间的疾苦，国家的现状，尽在他的掌握之中。勤政，使隋文帝成为明君。

隋文帝的政治措施虽然也有一些偏颇之处，但总的来说，他是一个英明决断的开国之君。他在位的二十四年中，隋朝的经济得到了迅猛的发展。垦田数从一千九百多万顷增长到五千五百多万顷，户口增加了三分之一，粮食储备达到了前所未有的高峰，乃至唐代开国几十年后仍然享用隋代的存粮。自西晋末年开始的国家分裂，经隋文帝积极经营，逐渐形成了较为稳定的统一局面，盛大的唐朝就在这个基础上建立起来。

隋炀帝荒淫亡国

隋炀帝杨广生于569年，为杨坚次子。在他十二岁以前的生活中，不仅受到了良好的教育，精于文学，有正规的佛教信仰，而且受过骑战和狩猎训练。他父亲的篡位完全改变了杨广及其四个兄弟的生活，他们从闲适的贵族少年变成了互相勾心斗角的皇子。600年，隋文帝发现太子杨勇奢侈好色，便废黜(chù)了他，立杨广为太子。其实，杨广的奢侈好色，比杨勇有过之而无不及，只因善于伪装，皇后和宰相杨素都替他说好话，终于夺得了太子的地位。

杨广不仅荒淫无耻，而且残忍毒辣，是历史上罕见的暴君和浪子。除了杨俊以外，他的兄弟都先后被他谋害。604年，杨坚卧病不久，太子杨广就谋划继位，但被杨坚发现了，想召回废太子杨勇。杨广立即伪造圣旨，杀害了自己的父亲和哥哥，于当年4月，正式登上皇帝宝座。

隋炀帝深恐江山不稳，刚即位便决定迁都洛阳，征发十万民夫掘长堑(qiàn)，作为保护都城的防御壕，以保卫中央政府。605年，隋炀帝为满足自己骄奢淫逸的生活，令宇文恺(kǎi)营建东都洛阳，每月役使民工二百万人。又令宇文恺建造显仁宫，征发大江以南、五岭以北的奇材异石以及嘉木异草、珍禽奇兽，都输送洛阳充实各御苑。又筑西苑、三神山和龙鳞渠。沿龙鳞渠立十六院，每院由一位四品夫人管理。各院内，一年四季花木常新，秋冬草木凋谢以后，则剪锦彩为花叶。为防止锦彩褪色，随时要调换新花，保持春夏秋冬都有供玩赏的景物。隋炀帝喜好夜游，经常在月夜携宫女数千人游西苑，令宫女演奏，弦歌达旦。

他有一条戒律，那就是拒谏。他自负才学比什么人都高。这种极骄极贪的性格决定了他任性妄为，剥削不顾民众死活，浪费只求本人快意；对内杀人唯恐太少，对外用兵唯恐不多。他的奢侈在游玩、耀威、开边、侵略等方面都有体现。

隋炀帝为了利用运河游玩，诏令江南各地大量造船。他出游时，兵卫仪仗之盛可谓空前。

隋炀帝三次畅游江都，耗费无数财物。特别是沿通济渠居住的百姓，负担极重，弄得怨声载道。炀帝到达江都以后，要地方官献礼，导致地方官搜刮百姓，备办礼物，使得百姓倾家荡产，激化了阶级矛盾。

隋炀帝继位后，肆意向少数民族和外国炫耀自己的富足，企图使他们畏服。当时西域商人和酋长认为有利可图，便纷纷来到洛阳。隋炀帝令沿途州县招待他们，耗费甚大。西域商人如果走到饭馆门前，主人便请他入座，醉饱出门，不取分文，欺骗客人说："中国富足，饭店酒食不要钱。"

隋文帝末年已经表现了开拓疆域的倾向，炀帝加强这种开拓，短时期内造成领土广大的帝国。到609年止，全国共有郡一百九十，县一千二百五十五，户八百九十万有余。西到旦末，北到五原，东西九千三百里，南北一万四千八百一十五里，国号称极盛。

隋炀帝好大喜功，对外耀武扬威，三次发动了进攻高丽的战争。侵略战争使得农民在全国范围内发动了大起义，而大起义促使隋朝迅速崩溃。

隋文帝统治时期，民众辛勤积累起来的财富被隋炀帝用游玩、扩张、侵略三种形式迅速消耗，特别是三次侵略战争，民众死亡流离，实在不能再有所容忍。617年，农民起义的烽火已燃遍全国，瓦岗军占领中原，辅公祏(shí)攻取江淮，隋军到处败北，隋炀帝已无力控制局势了。618年3月，右屯卫将军宇文化及，发动兵变，用丝带勒死了隋炀帝。隋朝的统治，就此结束了。

阅读理解二

1.张骞第一次出使西域的时间、方向及目的是什么？

2.我们要学习张骞什么样的精神？

3.“昭君出塞”在主观上的原因是什么？客观上起到了什么作用？

4.造纸术在汉代得到发展的原因是什么？

5. 张飞、关羽愿意和刘备结为兄弟的根本原因是什么？

6.黄盖为什么会想出火攻的办法？

7.你认为赤壁之战中曹军失败的主要原因是什么？

8.请对北魏孝文帝的改革进行评价。

李氏父子太原起兵

李渊继承祖上的爵位，当上了唐国公。公元617年，隋炀帝派他到太原去当留守，镇压农民起义，开始他也打过几个胜仗，后来看到起义军越来越壮大，也担心起来。

李渊的二儿子李世民是个刚满十八岁，很有胆识的青年，平时喜欢结交有才能的人。他看准隋朝的统治长不了，心里早有了自己的打算。

晋阳县令刘文静，李世民把他看作知心朋友。李密参加起义军，隋炀帝下令捉拿李密亲友。刘文静受到株连，被革了职，关在晋阳的监牢里。

李世民听到刘文静坐了牢，十分着急，赶到监牢里去探望。刘文静早就知道李世民的心思。他说："现在到处都有人造反。这倒是打天下的好时机。我可以帮您召集十万人马，您父亲手下还有几万人。如果用这支力量起兵，打进长安，号令天下，不出半年，就可以取得天下。"

李世民觉得刘文静的话很有道理。但是要说服他父亲，倒是个难题。正好在这个时候，太原北面的突厥可汗进攻马邑(yì)。李渊派兵抵抗，接连打了败仗。李渊怕这件事给隋炀帝知道了，要追究他的责任，急得不知道该怎么办。李世民抓住这个机会，劝李渊起兵反隋。李渊害怕地叮嘱他以后别说这样的话。

第二天，李世民又找李渊说："父亲受皇上的委派，到这里讨伐反叛的人。可是眼看造反的人越来越多，您能讨伐得了？再说，皇上猜忌心很重，就算您立了功，您的处境更加危险。只有照我昨天说的办，才是唯一的出路。”

李渊犹豫了许久，才答应了。他把刘文静从监牢里放了出来。刘文静帮助李世民招兵买马。李渊又派人把正在河东打仗的另外两个儿子李建成和李元吉召了回来。李渊又听从刘文静的计策，派人备了一份厚礼，到突厥可汗那里讲和，约他一起反隋。突厥可汗觉得这样做对他们有好处，就答应帮助李渊。

识时务者为俊杰，李世民审时度势，说出的这番话入情入理，只有顺应历史潮流而动才是明智之举。

李渊稳住突厥这一头，就正式起兵反隋。李渊自称大将军，李建成和李世民分别做左右领军大都督、刘文静做司马，称起义军为唐军。他们带领三万人马离开晋阳，向长安进军。一路打开官仓发粮给贫民，应募的百姓就越来越多了。

唐军遭到了隋将宋老生的拦击。李渊先派李建成率领几十个骑兵在城下挑战。宋老生一看起义军人少，亲自带了三万人马出城。李世民带兵居高临下地从南面山头冲杀下来，把宋老生的人马冲得七零八落。宋老生急忙回头想逃回城去。李渊的兵士已经占了城池，把城门关得紧紧的。宋老生走投无路，被唐军杀了。

唐军攻下霍邑以后，继续向西进军，在关中农民军的配合下，渡过黄河。留在长安的李渊的女儿也招募了一万多人马，号称“娘子军”，响应起义军进关。

此女正是历史上的平阳公主，她勇武胜须眉，李唐江山也有她的一份功劳。李家军这时里应外合，摧枯拉朽，隋朝大厦倾颓在即。

李渊集中了二十多万大军攻打长安。守在长安的隋军，要想抵抗也没用了。李渊攻下长安以后，为了争取民心，宣布约法十二条，把隋王朝的苛刻法令一概废除，并且暂时让隋炀帝的孙子杨侑(yòu)做了挂名的皇帝。

玄武门之变

李渊称帝后，李建成以长子的身份被封为太子，才华出众、军功卓著的李世民被封为秦王，李元吉为齐王。三个人当中，数李世民功劳最大。太原起兵，原是他的主意；在以后几次战斗中，他立的战功也最多。李建成的战功不如李世民，只是因为他是高祖的大儿子，才取得太子的地位。

介绍李家三兄弟的矛盾产生，这些矛盾是导致“玄武门之变”的原因。这是中国历史上“兄弟阋于墙”的典型事例。

李世民不但有勇有谋，而且手下有一批人才。在秦王府中，文的有房玄龄、杜如晦等，号称十八学士；武的有尉迟敬德、秦叔宝、程咬金等著名勇将。太子李建成知道自己威信比不上李世民，心里妒忌，就和弟弟齐王李元吉联合，一起排挤李世民。

李世民多次立功，李建成和李元吉更加忌恨，千方百计想除掉李世民。

据说有一次，李建成请李世民到东宫喝酒时，就在李世民的酒里下毒。后来，他们见李世民并没有被毒死，就派人送去金银，想收买他手下的勇将尉迟敬德，却遭到了拒绝。

李建成、李元吉一计不成，又生一计。那时候，突厥进犯中原，李建成向唐高祖建议，让李元吉代替李世民带兵北征。李元吉又请求把尉迟敬德、秦叔宝、程咬金三员大将和秦王府的精兵都划归他指挥。他们打算把这些将士调开以后，就可以放手杀害李世民。

为了得到皇权，兄弟相残至此，不禁令人痛心。李建成和李元吉的步步进逼，已置兄弟之情于不顾，直接导致了玄武门之变的发生。

有人把这个秘密计划报告了李世民。李世民感到形势紧急，连忙与长孙无忌和尉迟敬德商量。两个人都劝李世民先发制人。李世民却不愿意，最后在他们态度坚决的劝说下，下定了决心。

当天夜里，李世民进宫向唐高祖告了一状，诉说太子跟李元吉怎么谋害他。唐高祖听了十分吃惊，下令等明天一早，叫兄弟三人一起进宫，由他亲自查问。

第二天早上，李世民叫长孙无忌和尉迟敬德带了一支精兵，埋伏在皇宫北面的玄武门，只等建成、元吉进宫。玄武门是宫城北门，守城门的将领常何早就被李世民收买了，而李建成对此却一无所知，还把常何当心腹呢。

李世民已为这次事变做了充分准备，皇位之争到了白热化阶段。

没多久，李建成、李元吉骑着马朝玄武门来了，见到是常何守门，他们就不加任何提防地进了玄武门。走到临湖殿，二人突然发现角落里藏有伏兵，心里犯了疑，马上掉转马头，准备回东宫。

李世民从玄武门里骑着马赶了出来，高喊说："殿下，别走！"

李元吉转过身来，拿起身边的弓箭，就想射杀李世民，但是心里一慌张，连弓弦都拉不开来。李世民眼明手快，射出一支箭，把李建成先射死了；紧接着，尉迟敬德带领着七十名骑兵一起冲了出来，尉迟敬德一箭把李元吉也射了下来。

东宫和齐王府的将士听到玄武门出了事，全部出动，猛攻秦王府的士兵。李世民一面指挥将士抵抗，一面派尉迟敬德进宫。

唐高祖正在皇宫里等着三人去朝见，尉迟敬德手拿长矛气喘吁吁地冲进宫来，说："太子和齐王发动叛乱，秦王已经把他们杀了。秦王怕惊动陛下，特地派我来保驾。"

唐高祖这才知道外面出了事，吓得不知道该怎么办才好。

宰相萧瑀(yǔ)等说："建成、元吉本来没有什么功劳，两人妒忌秦王，施用奸计。现在秦王既然已经把他们消灭，这是好事。陛下把国事交给秦王，就没事了。"事情发展到这个地步，唐高祖再说什么也没有用了，他只好写了手谕宣布李元吉、李建成的罪状，命令所有队伍一律归秦王李世民调遣。同时，唐高祖让位给李世民，自己做了太上皇。李世民即位，改年号为贞观，他就是历史上著名的唐太宗。

李渊此刻内心定然五味杂陈，面对如此局面，也只能做出这样的决定了。塞翁失马，焉知非福？他的让位，成就了一个伟大的国家，这是对他的一种莫大慰藉。

玄奘和尚取经

玄奘是长安大慈恩寺的和尚，原名叫陈祎（huī），洛州缑（gōu）氏（今河南偃师缑氏镇）人。十三岁那年，他出家做和尚，就认真研究佛学。后来他到处拜师学习，精通佛教经典，被尊称为三藏法师（三藏是佛教经典的总称）。他发现原来翻译过来的佛经错误很多，又听说天竺地方有很多的佛经，就决定到天竺去学习。

体现了他为求真知、为取得大乘佛法不畏艰险的精神。

公元629年（一说627年），他从长安出发，到了凉州（今甘肃武威）。当时，朝廷禁止唐人出境，他在凉州被边境兵士发现，叫他回长安去。他逃过边防关卡，向西来到玉门关附近的瓜州（今甘肃安西）。

玄奘在瓜州打听到玉门关外有五座堡垒，每座堡垒之间相隔一百里，中间没有水草，只有堡垒旁有水源，并且由兵士把守。这时候，凉州的官员已经发现他偷越边防，发出公文到瓜州通缉他。如果经过堡垒，一定会被兵士捉住。

玄奘正在束手无策的时候，碰到了当地一个胡族人，名叫石槃陀（pán tuó），愿意替他带路。

玄奘喜出望外，变卖了衣服，换了两匹马，连夜跟石槃陀一起出发，好不容易混出了玉门关。他们在草丛里睡了一觉，准备继续西进。

玄奘"喜出望外"的心情和迅速着手出发的行为表现出他西行取经的决心。

哪儿想到石槃陀走了一程，就不想再走了，甚至想谋杀玄奘。玄奘发现他不怀好意，把他打发走了。

描写出他取经途中的艰险，但他仍单枪匹马在沙漠中摸索前进，表现出他取经的决心。

打那以后，玄奘单枪匹马在关外的沙漠地带摸索前进，约莫走了八十多里，才到了第一堡边。他怕被守兵发现，白天躲在沙沟里，等天黑了才走近堡垒前的水源。他正想用皮袋盛水，忽然一支箭射来，几乎射中他的膝盖。玄奘知道躲不过，索性朝着堡垒喊道：“我是长安来的和尚，你们别射箭！”

堡中的人停止射箭，打开堡门，把玄奘带进堡垒。幸好守堡的校尉王祥也是信佛教的，问清楚玄奘的来历后，不但不为难他，还派人帮他盛水，还送了一些饼，亲自把他送到十几里外，指引他一条通向第四堡的小道。

第四堡的校尉是王祥的同族兄弟，听说玄奘是王祥那里来的，也很热情地接待了他，并且告诉他，第五堡的守兵十分凶暴，叫他绕过第五堡，到野马泉去取水，再往西走，就是一片长八百里的大沙漠了。

四夜五天，环境极其恶劣，一人一马没有一点水喝，几乎死在沙漠上，但是他还是坚守誓言，表现出他坚定的决心和顽强的意志。

玄奘离开第四堡，又走了一百多里，迷了路，没有找到野马泉。他正要拿起随带的水袋喝水，哪知一失手，一皮袋的水都泼翻在沙土上了。没有水，怎么越过沙漠呢？玄奘想折回第四堡去取水，走了十几里，忽然想起临走的时候，他曾经立下誓言：不达到目的地，决不后退一步。现在怎么能遇到困难就后退呢？想到这里，他拨转马头，继续朝西前进。

大沙漠里一片茫茫，上不见飞鸟，下不见走兽，有时一阵旋风，卷起满天沙土，像暴雨一样落下来。玄奘在沙漠里接连走了四夜五天，没有一点水喝，口渴得像火烧一样，终于支不住昏倒在沙漠上。到了第五天半夜，天边起了凉风，玄奘被吹得清醒过来。他站起来，牵着马又走了十几里，发现了一片草地和一个池塘。有了水草，人和马才摆脱绝境。又走了两天，玄奘终于走出大沙漠，经过伊吾（今新疆哈密），到了高昌（在今新疆吐鲁番东）。

高昌王麴(qū)文泰也是信佛的，听说玄奘是大唐来的高僧，十分敬重，请他讲经，还恳切地要他在高昌留下来。玄奘坚持不肯。麴文泰没法挽留，就给玄奘准备好行装，派了二十五人，随带三十四匹马护送；还写信给沿路二十四国的国王，请他们保护玄奘过境。

玄奘的西行之路得到了一心向佛的人们的帮助。

玄奘带领人马，越过雪山冰河，冲过暴风雪崩，经历了千辛万苦，到达碎叶城（在今苏联吉尔吉斯北部托克马克附近），受到西突厥可汗的接待。打那以后，一路顺利，通过西域各国进了天竺。

天竺是佛教的发源地，有很多佛教古迹。玄奘在天竺游历各地，朝拜圣迹，向高僧学经。有一次，他在乘船渡恒河的时候，碰到一群强盗。他们迷信妖神，每年秋天都要杀个人祭神。船中的强盗看中玄奘，要把他杀了祭神，玄奘再三向他们解释也没有用，只好闭着眼睛念起经来。说也凑巧，这时正好起了一阵狂风，河里浊浪汹涌，差一点打翻了船。强盗害怕起来，赶快跪下忏(chàn)悔，把玄奘放了。

离奇的经历给故事增添了神秘感，似乎佛祖也在保佑这位为佛教事业做出伟大贡献的和尚。

这件事很快传开了，当地的人都还认为玄奘真有什么佛法保护呢。

天竺摩揭陀国有一座古老的大寺院，叫作那烂陀寺。寺里有个戒贤法师，是天竺的大学者。玄奘来到那烂陀寺，跟着戒贤法师学了五年，把那里的经全部学会了。

摩揭陀国的戒日王是个笃(dǔ)信佛教的国王，听到玄奘的名声，在他的国都曲女城（今印度北方邦境内卡瑙季）为玄奘开了一个隆重的讲学大会。天竺十侧面表现出玄奘对佛法做了很多研究且都研究得十分透彻。

八个国的国王和三千多高僧到了会。戒日王请玄奘在会上讲学，还让大家辩论。大会开了十八天，大家对玄奘的精彩演讲十分佩服，没有一个人提出不同的意见。最后，戒日王派人举起玄奘的袈裟，宣布讲学成功。

戒日王接见玄奘的时候，说起他早就听说中国有个英武的秦王。玄奘告诉他，秦王就是现在的大唐皇帝。

玄奘的游历，不但在佛学上取得很大成功，而且促进了东西方的文化交流。公元645年，他带了六百多部佛经，回到阔别十多年的长安。

玄奘和尚百折不挠的取经事迹，轰动了长安人民。正在洛阳的唐太宗，对玄奘的壮举十分赞赏，在洛阳行宫接见了玄奘。玄奘把他游历西域的经历向太宗做了详细的汇报。

明代小说家吴承恩创作的《西游记》，就是取材于玄奘的这本《大唐西域记》，玄奘就是唐僧的原型。

在这以后，玄奘就定居下来，专心翻译从天竺带回来的佛经。他还和他的弟子一起，编写了一本《大唐西域记》。在这本书里，他把亲自到过的一百一十个国家和听到过的二十八个国家的地理情况、风俗习惯记载下来，成为重要的历史和地理著作。

由于玄奘取经这件事本身带有传奇色彩，后来，在民间流传了许多关于唐僧取经的神话，说他取经路上，遇到许多妖魔精怪，这当然是虚构出来的。到了明朝，小说家吴承恩根据民间传说进行了艺术加工，写成优秀的长篇神话小说《西游记》，在我国文学史上占有很重要的地位。但是那里面的故事，跟真正的玄奘取经事迹已经离得很远了。

文成公主入藏

松赞干布(617—650年),名弃宗弄赞,藏族人。松赞干布自小聪明过人,在他十三岁的时候,就精通骑马、射箭、击剑等各种武艺,而且爱好民歌,善于写诗,受到吐蕃[bō]人的爱戴。他的父亲去世后,吐蕃贵族发动叛乱,松赞干布靠他的勇敢才智,很快把叛乱平定了。在十六岁的时候,他已陆续征服了西藏地区的很多部族,使他们失去了再叛乱的能力。后来,他在拉萨建都,促进了藏民族的逐步融合,实现了统一西藏的目的。他大力发展生产,创造藏族自己的文字,制定法律,使西藏的奴隶制政权稳定发展。

松赞干布十六岁平定叛乱,可谓年少有为。

当时的唐王朝在唐太宗的治理下正处于"贞观之治"的极盛时期。松赞干布对地域辽阔、经济发达、政治稳定、文化发展的唐王朝十分钦敬,早在634年就派遣过使者与唐王朝通好。为了与唐王朝建立更加稳固的关系,松赞干布在公元640年,又派亲信大臣禄东赞带着贵重的礼品来到长安,向唐太宗李世民求亲。

唐代著名画家阎立本根据这一史实,绘出了名画《步辇图》。《步辇图》取材于松赞干布与文成公主联姻的事件,描绘了唐太宗李世民接见吐蕃使臣禄东赞的情景。

据说在贞观年间,天竺、吐蕃、格萨王和大仓国等同时派使团到长安来求婚。唐太宗为此搞了"五试婚使":一、丝线穿九曲明珠;二、辨认一百匹马和一百匹马驹的母子关系；三、一天内喝完一百坛酒、吃完一百只羊；四、夜晚入宫、出宫不迷路；五、从二千五百名年轻美貌的女子中认出谁是文成公主。各国使者急得如热锅上的蚂蚁，应试时洋相百出。只有松赞干布派来的聪明的禄东赞顺利地通过了五种考试，获得了满分。于是，唐太宗大喜，遂将美丽多才的文成公主许婚于松赞干布。

公元641年1月，二十四岁的文成公主动身前往吐蕃，唐朝为文成公主准备了丰厚的嫁妆，除了金银绸缎、马匹骆驼外，还有许多吐蕃没有的谷物、果品、蔬菜种子、药物和蚕种。文成公主还带了大量的医药、植树、工程技术、天文历法等方面的书籍。

文成公主出嫁的消息传到吐蕃后，吐蕃人民非常高兴，从唐边境到吐蕃，一路上都有人准备好马匹、牦牛、船只、食物等接送招待文成公主，以表示对文成公主的热烈欢迎。松赞干布亲自率领大队侍从和护卫人员，从逻(luó)些(今拉萨)启程到青海去迎接。唐太宗为文成公主一行预先在青海南部的河源修建了一所离宫，文成公主经过的地方都有官民迎送。

松赞干布按照唐朝礼制举行了隆重的迎亲仪式，他穿着唐朝赐赠的袍冠，把自己装扮成唐朝驸马的样子。他对文成公主的仪态、风度、学识、见解十分钦佩，态度极为诚恭热情。他们的婚礼十分隆重热烈，吐蕃人民载歌载舞欢庆这个吉利的日子。松赞干布很高兴，得意地对大臣说："我父祖未有通婚上国者，今我得大唐公主，为幸实多，当为公主筑一城，以夸示后代。"宫殿修建在雄伟的布达拉山上，这就是举世闻名的布达拉宫。松赞干布知道文成公主信奉的是佛教，而且还带了许多佛像、佛经来藏，于是便修建了大昭寺。他非常尊重文成公主，与公主相处时，他从不穿吐蕃毡裘(qiú)，而穿唐服。

公主没有辜负唐朝的期望，为汉藏两族的和平团结做了许多工作。凡是公主到过的地方，她都派汉族工匠装置碾，利用水力来磨青稞(kē)，使藏人学会了使用水力的技术。在文成公主来之前，吐蕃已经有了农业，但是耕作和经营都十分粗略。他们只是用石头围住一块地，在里面耕耘，还不会整地，也不知道如何保持水土。唐朝先进的生产技术传入以后，出现了小块农田，藏人学会了防止水土流失和平整土地。过去吐蕃人住的是帐篷，文成公主进藏后，上层人物都改住房屋。在衣着方面，吐蕃人穿的是毡裘，又笨又重。双方和亲以后，一部分人开始穿绫罗绸缎。同时，在生产方式上，用唐式石磨加工谷物，不仅省工，而且减少损耗，从而改善了人民的生活。

文成公主进藏，对藏族经济、文化等方面的发展起了积极作用，为藏族做出了巨大贡献。

吐蕃过去没有自己的文字，无论什么事都用绳打结，或在木头上刻符号表示。文成公主劝松赞干布设法造字，于是他指令桑扎布去研究，后来造出三十个字母和拼音造句的文法，从此吐蕃有了自己的文字。他们用吐蕃文翻译唐朝的佛经和其他书籍，促进了唐文化在西藏的发展。吐蕃自己没有正式可靠的历法，族人以麦熟的三月为一年之始。文成公主把天文历法带到了那里，有利于农业发展。

松赞干布因病死于650年，享年仅三十三岁。文成公主又活了三十年，继续致力于唐和吐蕃友好团结的伟大事业。

千百年来，藏族人民一直把藏历四月十五日，也就是公主到达拉萨的这一天，以及藏历十月十五日，即公主的生日，定为纪念她的两个节日；并且在布达拉宫和大昭寺里，供起了栩栩如生的松赞干布和文成公主的塑像。文成公主在吐蕃生活了四十年，为加强汉藏两族的友好关系和发展藏族经济文化做出了巨大贡献。他们二人的结合因为铸就了汉藏两族人民的血肉关系而流芳百世。

这些做法，表达了历代藏民对文成公主的无限敬仰，突出了文成公主进藏的不朽功绩。

一代女皇武则天

大凡到过西安的人，无不想去拜谒（yè）一下武则天墓。这位中国历史上唯一的女皇帝，不仅为自己造了一座规模宏伟的墓穴，而且还在墓前立了一座无字碑，引出了后人的种种猜测和传说。一种猜测是武则天自认为功盖李治及历代皇帝，对其评价无法用文字表达；一种猜测是武则天"素多智计"，立无字碑的目的是让后人对其功过进行评说。而事实上，武则天也确实是一位让后人很难评说的女皇。

武则天本来是唐太宗宫里的一个才人，十四岁那年就服侍太宗。当时太宗的御厩（jiù）里有匹名马，叫"狮子骢（cōng）"，长得肥壮可爱，但是性格暴躁，不好驾驭。有一次，唐太宗带着宫妃们去看那匹马，跟大家开玩笑说："你们当中有谁能制服它？"妃子们不敢接嘴，武则天勇敢地站了出来，说："陛下，我能！"太宗惊奇地看着她，问她有什么办法。武则天说："只要给我三件东西，第一件是铁鞭，第二件是铁锤，第三件是匕首。它要是调皮，就用鞭子抽它；还不服，用铁锤敲它的头；如果再捣蛋，就用匕首砍断它的脖子。"唐太宗听了哈哈大笑。他虽然觉得武则天说的有点孩子气，但是也很赞赏她的泼辣性格。

这三件驯服烈马的武器，一件比一件厉害，小小年纪的女孩竟如此泼辣狠毒，令人发怵。据说唐太宗因此看到了武则天心狠手辣的一面，这也就是武则天在太宗这里不得宠的原因。

唐太宗死后，按照当时宫廷的规矩，武则天被送进尼姑庵。这当然是她很不情愿的。唐高宗还是太子的时候，就看中了武则天。即位两年后，他把武则天从尼姑庵里接出来，封她为昭仪。后来，又想废了原来的王皇后，立武则天为皇后。这件事遭到很多老臣的反对，特别是长孙无忌，说什么也不同意。

武则天私下拉拢一批大臣，在高宗面前支持她当皇后，有人对高宗说："这是陛下的家事，别人管不着。"唐高宗这才下了决心，把王皇后废了，让武则天当了皇后。武则天生性聪明，又很有才干，她不满足于安享尊荣，当皇后不久，便开始参与朝政，而且因为高宗经常有病，百官奏事，多令她处理。武则天提出了包括减轻赋税、提拔低级官僚地位、改变行政作风和提倡孝道在内的十二条建议，表现了非凡的政治才能。

善用权术的武则天凌驾于皇权之上，她的野心也日益膨胀，唐高宗的权力旁落于武则天之手只是时间问题。武则天的终极目标是要使李唐江山易姓。

武则天掌了权，渐渐不把高宗放在眼里。高宗想干什么，没有经过武则天同意，就干不了。唐高宗心里气恼，有一次，他跟宰相上官仪商量。上官仪是反对武则天掌权的，就说："陛下既然嫌皇后太专断，不如把她废了。"高宗是个没主意的人，听了上官仪的话，说："好，那就请你去给我起草一道诏书吧。"两个人的说话，被旁边的太监听见了。那些太监都是武则天的心腹，连忙把这件事报告武则天。等上官仪把起草好的诏书送给高宗时，武则天已经赶到了。她厉声问高宗说："这是怎么回事？"唐高宗见了武则天，吓得好像矮了半截。他把上官仪起草的诏书藏在袖子里，结结巴巴地说："我本来没这个意思，都是上官仪教我干的。"武则天立刻下命令把上官仪杀了。从此以后，唐高宗上朝，都由武则天在旁边监视，大小政事，都得由皇后点了头才算数。

唐高宗真是阿斗再世，堂堂大唐皇帝竟懦弱如此，令人不胜唏嘘。

公元683年，唐高宗死了。武则天先后把两个儿子立为皇帝——中宗李显和睿(ruì)宗李旦，但都不中她的意。她把中宗废了，把睿宗软禁起来，自己以太后名义临朝执政。这一来，又遭到一些大臣和宗室的反对。当时有个官员徐敬业因罪贬官，与同病相怜的唐之奇、魏思温等在江都起兵，以“匡复庐陵王”为号，然而实际上是想割据江东。朝廷大臣裴(péi)炎不愿出兵，说只要太后归政皇帝，自可平息。于是武则天出兵镇压徐敬业，杀死裴炎，又派人到军中把为裴炎讨情的大将程务挺斩首。四年以后，宗室博州刺史琅琊王李冲和他的父亲豫州刺史越王李贞起兵反武，与官军一接触就失败了。他们失败得那么快，是因为老百姓只愿有安定的生活。唐朝统一几十年了，武则天抢夺权位，只乱宫廷，不乱天下，纯粹是统治集团上层的斗争，所以人民不肯跟越王李贞这些人走。

武则天是颇有政治远见的，她虽有政治野心，但不动国家根本，不伤民心，不侵害老百姓利益，确保老百姓生活安定，使斗争只限于宫墙之内，不波及普通百姓。

经过这两场小小的兵变，全国恢复了安宁，没有人再敢反对武则天。武则天巩固了她的统治，就不满足太后执政的地位了。有个和尚猜到了太后的心思，伪造了一部佛经，献给武则天。那部佛经里说，武则天本来是弥勒佛投胎到人世来的，佛祖派她下凡，就是要让她代替唐朝皇帝统治天下。

又过了几个月，有个官员名叫傅游艺，联络了关中地区九百多人联名上书，请求太后即位称帝。武则天一面推辞，一面提升了傅游艺的官职。结果，劝她做皇帝的人越来越多。据说当时文武官员、王公贵族、远近百姓、各族首领，上劝进表的有六万多人。

公元690年9月，武则天接受大家的“请求”，自称圣神皇帝，改国号为周。从此，她就成了中国历史上唯一的女皇帝。

安史之乱

唐玄宗在位时，为了加强边境的防御，在重要的边境地区设立了十个军镇(也叫藩镇)，军镇的长官叫节度使。这些节度使除了带领军队，还兼管行政和财政，权力很大，地位很重要。李林甫掌权以后，不但排挤朝廷的文官，还猜忌边境的节度使。为了避免边境将领谋反，唐玄宗听从李林甫的建议，提拔了一些胡人当节度使。在这些胡族节度使中，唐玄宗、李林甫特别器重平卢节度使安禄山。安禄山通过各种手段取得了唐玄宗的信任，除了范阳、平卢外，又兼了河东节度使，控制了北方边境的大部分地区。他秘密扩充兵力，组成一支精兵，准备叛乱。

这是安禄山叛乱的起因，由于安禄山能在朝野左右逢源，因此实力日渐坐大，野心也随之日渐膨胀，导致最终爆发了“安史之乱”，成为唐朝由盛而衰的转折点。

没多久，李林甫病死，唐玄宗宠妃杨玉环的同族哥哥杨国忠接任了宰相。安禄山和杨国忠两个人都不把对方放在眼里，矛盾日益激化。

天宝十四年(755年)十一月初九，安禄山发兵十五万，号称二十万，在范阳发动叛乱，以“奉密旨讨杨国忠”为名，挥军南下。大队的步骑兵在广阔的河北平原上，展开了队形，尘灰蔽天，鼓噪震地，一路上简直没有人敢抵抗。十二月初二(755年1月8日)，叛军安禄山在唐玄宗面前特别会演戏表忠，唐玄宗对他特别亲密宽厚。只要有人说安禄山要造反，唐玄宗一定会大发雷霆，把他捆绑起来送交安禄山。杨国忠曾多次对唐玄宗说安禄山一定会叛乱，唐玄宗从不相信。

已在灵昌渡过了黄河。

安禄山叛乱的消息传到长安，玄宗还当是谣言。十一月十五得到了确切的讯息，满朝文武无不大惊失色。

当时安西节度使封常清正在长安，玄宗便派他赶往洛阳，募兵抵御。接着又在长安招了一些兵，连同原来的禁军，凑了五万人马，交给高仙芝带领，屯驻陕州。同时，派使者到朔方、河西、陇右，令各镇除留城堡戍兵外，悉数内调。然而形势急转直下，河南的危局已经无法挽救了。

叛军既野蛮又残暴，他们“每破一城，城中衣服、财贿(huì)、妇人皆为所掠。男子壮者为之负担，羸(léi)病老弱，皆以刀槊(shuò)戏杀之”。荥阳是当年刘邦、项羽相持的古战场，这时守城的却只有些文吏弱卒。守城士卒听到叛军的鼓角声，不觉纷纷从城上掉下去。叛军占了荥阳以后，继续向东都进攻。封常清率众与叛军在武牢一战，大败，东都失守。封常清和高仙芝退守潼关。由于叛军所到之处，烧杀抢掠，在叛军的后方，掀起了如火如荼(tú)的反击叛军的斗争。平原太守颜真卿、常山太守颜杲(gǎo)卿首先起兵。河北诸郡立即响应，十七郡又重新归顺朝廷。安禄山在河北只剩下六郡之地，被迫停止进攻潼关。常山的颜杲卿起兵八天，叛将史思明便以优势兵力来攻，常山城陷，颜杲卿被俘。他被押送到东都后，大骂安禄山，慷慨就义。平原太守颜真卿，尽募勇士，十天得一万多人。封常清和高仙芝退守潼关，以确保首都，这本来是必要的，但是宦官边令诚却向唐玄宗进谗言，诬陷封常清夸大敌情，动摇人心，又说高仙芝丢失国土，扣发军饷。玄宗偏信了边令诚的一面之词，命令边令诚在军中杀了高仙芝和封常清，以哥舒翰为兵马副元帅，将

颜杲卿的小儿子颜季明也被叛军所杀，颜真卿听到这个消息后悲痛欲绝，强忍剧痛流泪挥毫，写下天下第二行书《祭侄文稿》。

兵八万讨伐安禄山。

天宝十五年(756年)正月，安禄山称帝，国号叫燕国，改元圣武。不久，攻陷东都洛阳。二月，颜真卿领兵联合清河、博平两郡兵马，大破叛军，攻克魏都。河北唐军的声威，从此大振。同时，唐以李光弼(bì)为河东节度使，他收复了常山，打败了史思明，并夺回七县。朔方节度使郭子仪率兵在常山和李光弼会师，共有兵马十余万人，迫使叛将史思明退守博陵。河北人民为了保家，自己组织起来，多则一二万人，少则数千人，各自抵抗叛军的侵扰。唐军在河北取得主动地位。郭子仪、李光弼又大破史思明于恒阳城下，斩首四万余人。史思明坠马，扶断枪逃入营中。郭子仪进攻博陵，军威大振，河北十余郡纷纷杀叛军守将，归顺朝廷。安史叛乱兵败，中原打仗八年，史称“安史之乱”。

范阳节度使史思明后来即大燕帝位，补谥安禄山为光烈皇帝。

公元763年，八年的安史之乱结束后，唐王朝已经千疮百孔，再经过宦官专政、藩镇割据、黄巢起义以及外族入侵等，逐步走向灭亡。

黄巢起义

咸通十四年(873年)秋天,唐懿(yì)宗死了,他的第五个儿子李儇(xuān)在宦官田令孜的扶持下当了皇帝,史称唐僖宗。

这期间,朝廷腐败,老百姓生活在水深火热之中,赋税沉重,难以忍受。这位新皇帝最喜欢的是声色犬马,斗鸡打球。他自以为是球场上的状元,把国家大事当成儿戏。

一个封建朝代的末期必迎来乱世,而乱世英雄黄巢就正是这乱世之中的英雄人物,身怀武艺,壮怀激烈。

由于政治腐败,水利失修,唐末自然灾害更加严重,无数百姓饿死。农民被迫揭竿而起,其中最著名的是王仙芝、黄巢领导的起义军。

黄巢是山东冤句(今菏泽)人,小时就读私塾,因山东多出武林中人,他更偏爱弄枪使棒、骑马射箭,练就了一身好武艺。

一年,他同众多的读书人一样,到长安去参加科举考试,没有考中。后来又参加武举考试,本来他可以拿头名,就因为他没有靠山,长得又黑,面貌丑陋,结果还是名落孙山。

黄巢一气之下,回到旅店写了一首《咏菊》诗留在墙上,怀恨而去。这首诗是这样写的:

待到秋来九月八，
我花开后百花杀。
冲天香阵透长安，
满城尽带黄金甲。

这是一首咏菊言志诗。这首诗表达了黄巢藐视封建统治者，要举行农民起义的志愿与决心，设想将来有那么一天，他要带领身披黄金盔甲的战士攻入长安，推翻唐朝的反动统治。

在这首诗里，他用菊花比喻自己，想象总有一天，在百花凋谢的时节，他要像菊花那样，傲霜怒放，用冲天的香气，散遍长安，暗示了他要推翻黑暗腐朽的唐王朝统治，创建自己事业的坚定决心和英勇气概。

黄巢和王仙芝都做过私盐贩子。私盐贩子奔走各地，熟悉关塞险阻、道路等。义军初举时，王仙芝自称天补平均大将军，派人四处散发檄(xí)文，揭露朝廷官吏的贪污和腐败，指出现实社会贫富悬殊的不平等，号召人民起来推翻昏庸腐败的唐朝政府。这个号召得到了广大贫苦农民的积极响应，起义队伍迅速发展起来。起义大军转战山东、河南一带，接连攻占了许多州县。每到一处，起义军开仓放粮、严惩贪官污吏，得到了广大贫苦百姓的热烈拥护。这样起义队伍越发展越壮大，引起了唐朝中央政府的极大恐慌，下令各地政府组织军队前去镇压，但却毫无效果，义军的声势日益壮大。

历代起义军都无法跳出一个怪圈：起义初期，都高举替天行道、劫富济贫的义旗，代表了广大人民群众的根本利益，深受百姓拥护，但到最后都不能善终，要么是内部腐化引起内讧，要么是一心想依附朝廷反遭朝廷诛杀。

义军攻下蕲(qí)州的时候，唐政府派宦官去见王仙芝，封他为“左神策军兼监察御史”的官衔。王仙芝很高兴，就想投降。这时他贪图富贵，便把“平均”两字忘得干干净净了。起义军将士知道了，都愤怒鼓噪，黄巢也勃然大怒，打伤了王仙芝的头。在众怒难犯之下，王仙芝才拒绝降唐。王仙芝没做成朝廷大官，并不死心，继续同朝廷联系，一面攻打州县，一面跟唐政府讨价还价。他的叛变行为，引起起义军多数人的不满，军心涣散。最后，这支起义军在黄梅(今湖北黄梅县)被唐军打败,他也在这次战斗中被杀。

黄巢很有军事才能,他看到唐朝在中原地区的军事力量比较强,决定避其精锐,选择唐军兵力薄弱的地区,带兵南下。他们顺利渡过长江,打进浙东。起义军一路上势如破竹,经过一年多的长征,一直打到广州。

黄巢终于实现了"满城尽带黄金甲"的理想,意气风发之状我们可以想象得出来。不知黄巢用什么来接续这个理想。

起义军在广州休整以后,调头北上,直接进攻唐中央政府所在地长安。880年,黄巢带领六十万大军,浩浩荡荡开进潼关。当天下午,黄巢乘坐一顶轿子,在战士的簇拥和百姓的欢迎中进入了长安城。起义军打开仓库,把粮食和物品分给贫苦百姓,百姓奔走相告,到处传扬着起义军的美德。

十天后,黄巢在长安建国,国号为大齐。黄巢宣布,凡唐朝四品以下的官吏依旧可以留任,并任命义军首领尚让为太尉兼中书令、赵璋为侍中、朱温等为将军、诗人皮日休为翰林学士等。然而,起义军没有注意巩固占领的地区。起义军进入长安后,所拥有的也不过是关中的一小部分,连洛阳都不在手里,这是个致命的错误。另外,兵源、饷源都没有了来源,出现了严重的粮荒,而且起义军内部也出现了裂痕。黄巢手下的大将朱温叛变降唐了。

虽然黄巢起义导致唐末国力大衰,加速了唐朝灭亡,但也只是一个改朝换代的跳板。

884年,在泰山狼虎关,黄巢被唐朝大军重重包围,他在突围中英勇战死。黄巢起义最后虽然失败了,但是却给了唐政府以沉重的打击,唐王朝从此一蹶(jué)不振,直至灭亡。

纷乱的五代十国

从朱温建立梁朝开始的五十多年里，中原地区前后换了五个短暂的王朝——梁、唐、晋、汉、周(为了跟以前相同名称的王朝相区别，历史上把它们称作后梁、后唐、后晋、后汉、后周)，合起来叫作五代。五代时期，在南方和巴蜀地方，还有许多割据政权，有的称帝，有的称王，前后一共建立了九个国(前蜀、吴、闽、吴越、楚、南汉、南平、后蜀、南唐)，加上在北方建立的北汉，一共是十国。所以五代时期又叫作“五代十国”时期。

五代从年表上说，起于开平元年(907年)朱温建立后梁。然而要讲这段历史，不能不上推二十余年，从唐僖宗中和三年(883年)朱温做宣武节度使，或中和四年黄巢起义失败讲起。这是因为，五代初期的主要割据者，在9世纪的80年代中期或90年代初，已经各占一方。他们尽管还没有称王称帝，但天下已经分裂了。

五代是唐朝末年藩镇割据混战的继续和发展。中原五个王朝前后相继，最短的后汉只存在了四年。王朝更迭之时，无不经过一番争战，中原人民受的苦难十分深重。中原以外，又有十国，终五代之世，与中原正朝并存的，常有六七个或七八个政权。分裂的程度几乎与战国不相上下。

十国有九个在秦岭淮河以南。大致说来，沿长江由西而东，分成巴蜀、两湖、江淮、两浙四个地区，再加上福建、两广，一共是六个地区。南方九国先后分别在这些地区活动。巴蜀先有前蜀，后有后蜀。两湖则荆南（南平）占据以湖北江陵为中心的一小片地方，楚占有幅员广大的湖南。这个地区始终存在着一大一小两个国家。江淮先有吴，后有南唐。他们的版图西到鄂东，占据整个江西，是南方最强大的割据势力。其余两浙的吴越、福建的闽、广东和广西一部分的南汉，各自占有一个地区。从上文的叙述可知，与中原王朝同时并存的南方国家，一般有七个。十国只有一个在北方，即北汉。北汉是后汉的残余势力，占有整个山西省的大部分和陕西的东北角。在后周以前，这个国并不存在。那么北方的情形是否比南方单纯呢？这也不然，甚至可以说更加复杂。

详细介绍当时十国在全国的分布情况，南北势均力敌，情形复杂，形势波诡云谲。

北方原有唐朝留下来的许多藩镇，河东的李克用就是其中之一。残唐和后梁时，朱温（后梁太祖）一直同李克用父子对峙。朱、李两家与河北的旧藩镇时和时战，几个旧藩镇时而亲朱，时而亲李，关系极其复杂。朱温称帝的时候，旧藩镇多数已被两家共吞，然而幽沧（幽州和沧州）的燕（刘仁恭父子）和陕西凤翔一带的岐（李茂贞）仍旧保持着独立的地位。他们的实力比南方某些国家强得多，但是却没有被算到十国里去。

北方还有一种情形。五代初年，正是契丹崛起的时候。历史上颇多巧合的事情，朱温称帝之年刚好是契丹族领袖耶律阿保机登位的一年（当然，称帝是九年以后的事情）。朱梁的北面有李、刘两家统治的地区，把它和契丹隔开，但唐、晋、汉、周都和契丹对峙。这样错综复杂的情形，在我国几千年的历史上，是极为罕见的。因此，五代十国时期的兴废争战之事，波澜起伏，与历史上许多时期相比，都更为热闹。

两者都在907年。916年，辽太祖耶律阿保机统一契丹称天皇帝，国号“契丹”，定都临潢府（今内蒙古赤峰市巴林左旗南波罗城）。

在这样一个时期里，人民遭到的苦难异常深重。

暴君独夫横行无忌，贪官酷吏的剥削和压迫，无所不用其极。唐代的名城，如长安、洛阳、扬州，都曾化为废墟。昔人常把五代叫作“五季”，“季”即“季世”，也就是“末代”的意思。宋朝欧阳修著《新五代史》，叙事议论常用“呜呼”两字开始。他一提到那些混乱黑暗的史事，心情就感到沉重，这是可以理解的。

但是五代十国史毕竟也有另外的一面。

五代十国实在是唐宋两朝之间继往开来的时期。史家或习惯于把五代附于隋唐之后，叫隋唐五代；或主张把它与辽、宋、金、元划为一个阶段。五代又是一个从分裂混乱走向统一安定的过渡时期。从唐代中叶的安史之乱到北宋开国的两百年，是一个探索的过程。以均田制为经济基础的统一王朝瓦解了，在政府不直接掌握大量土地、牢固控制大量人丁的条件下，怎样才能保持统一和集权？这个问题要到宋初才能解决。五代时期的混乱现象给统治者提供了许多教训。五代后期的统治者如郭威、柴荣已经在总结经验教训，摸索新的出路。没有这些教训，宋朝人不可能提出解决的方案。

五代也不完全是“季世”，它还有光明的地方。我们在这里可以看到中华民族在大乱之后惊人的重新建设能力。当五代结束的时候，我们看到，在比盛唐小得多的版图上，户数已恢复到天宝年间的半数以上。南方的经济文化大有发展，江南、浙西若干地方的湖山被装点得更美了。其他如火药在战场上的出现，印刷事业的发展，一种新体裁的诗歌——词已兴起，这些现象使我们不能不承认：五代时期是一个文化颇有成就的时期。

正如元曲作家张养浩所言：“兴，百姓苦；亡，百姓苦。”朝代兴替中浸透了多少百姓的血泪。《新五代史》是北宋设馆修史以后唯一的私修正史，也就是说这部史书不是奉朝廷之意，而是欧阳修私自所撰。他对这种分裂割据现象采取了否定的态度。他把分裂割据的根本原因归结为封建道德的败坏。

以辩证的眼光实事求是地看待历史，才能充分汲取前人兴衰治乱的宝贵经验；以史为镜，才能更清晰地看清当下。

赵匡胤陈桥兵变

周世宗死时，他的儿子柴世训才只有七岁，即位后被称为周恭帝，由宰相范质、王溥(pǔ)辅政。这么小的年纪，如何能管理朝政呢？结果大权旁落，掌握在禁军统帅赵匡胤(yìn)的手中。

这个赵匡胤原本是周世宗手下的一员大将，祖籍涿州。在跟随周世宗南征北战的过程中，赵匡胤立下了赫赫战功。他带军纪律严明，每次临阵，必令将士各披皮笠，而他自己则亲自督战，但见退缩者，便用剑砍他们的皮笠，作为标记，待到收兵回城后便一一仔细检查他们的皮笠，凡有剑痕者定斩不赦。因此周世宗在世时对赵匡胤十分信任，曾命令禁军将领赵匡胤把从各地招募到都城的“壮士”精选出强壮的人，编为殿前诸班，作为皇帝的宿卫亲军。有一次，他在讨伐契丹途中见到一块写有“点检做天子”的木块，就产生了猜忌，终于在临死前把任殿前都点检这一禁军最重要职务的张永德罢免，晋升殿前都指挥使赵匡胤为殿前都点检。但是他万万没有想到，夺取后周政权的人正是这个他认为可以信赖的赵匡胤。

在周世宗的步步提拔下，赵匡胤牢牢确立了自己在这支最精锐的禁军中的权威地位，并且迅速地培植了自己的势力，许多禁军将领也都是赵匡胤的亲信。周世宗一死，后周就没有任何人的势力可以和赵匡胤相抗衡了。五代时期，谁拥有兵权，谁就有做皇帝的资本。后周在周世宗壮年早逝后出现了“主少国疑”的动荡不安的气氛，赵匡胤夺取政权的时机已接近成熟，势在必得。

到了960年春节，后周朝廷正在举行每年一次的大礼时，忽然接到边境送来的紧急战报，说北汉国主和辽朝联合，出兵攻打后周边境。幼小的周恭帝哪里懂得什么出兵打仗，自然要召集大臣们商讨对敌之策。大臣们慌作一团，后来由范质、王溥做主，派赵匡胤带兵抵抗。赵匡胤接到出兵命令，立刻调兵遣将，过了两天，就带着大军从汴（biàn）京出发。跟随他的还有他弟弟赵匡义（后改名为赵光义）和亲信谋士赵普。老谋深算的赵匡胤并没有去前方迎敌，而是在距离汴京二十里的叫陈桥的地方下令就地安营扎寨，导演了一出“黄袍加身”的闹剧。

这天夜里，赵匡胤假装酒喝多了，便早早睡觉去了。赵匡义和赵普等亲信们则在将士中散布议论，说当今皇帝年幼，将士即使出死力破敌也没有地方去领功受奖，况且，“如今天子弱小，强敌入侵，国将不保，如果另立英主，国家和百姓就会转危为安了。这个皇帝之位，非赵点检不可”！将士的兵变情绪很快就被煽动起来了。深夜五更，将士们从四面八方涌向赵匡胤居住的驿馆，“万岁！”的呼声响彻夜晚的整个天空。

天刚蒙蒙亮的时候，赵匡胤佯装一觉醒来。此时驿馆外已是人声鼎沸，将士们正在呼喊着“我辈无主，今日须得天子”“请赵点检登基做皇帝”等口号。赵匡胤心中暗喜，脸上却不露一点声色。正在这时，房门忽地一下子被推开了，赵匡义和赵普等人冲了进来，诸将露刃于庭，不由分说地将事先已准备好的黄袍披在了赵匡胤的身上，然后便跪在地上高呼“万岁”。赵匡胤则故作不解地望着大家，将士们指着他身上的黄袍说：“上苍所赐的黄袍在你身上，你就是当今圣主，

多处假装，充分说明了赵匡胤的老谋深算，显得自己是被将士们拥立做皇帝的。这样自然就堵住了一些人的口，使江山易姓变得更为顺利。

万万不能推辞。”于是赵匡胤便装作很不情愿的样子，被将士们扶上了战马。这就是历史上有名的“黄袍加身”。

陈桥驿的兵变虽然按预定计划有秩序地进行，没有发生任何流血冲突，但赵匡胤仍不放心。他看多了五代时期一些被部将拥立的皇帝一旦进入京城，那些自以为拥立有功的将士就会趁机纵兵大肆抢掠百姓和前朝府库，既失掉了民心，也助长了将士的骄傲情绪，最终自掘坟墓，因此他深知能否严整军纪，对自己统治的建立和稳固都至关重要。于是，他跨上战马后便对身旁的将士们说：“你们既然拥立我做皇帝，我的命令，你们都能言听顺从吗？”将士们一听此言，立即齐声回答：“我们效忠陛下，对陛下的旨意怎敢不从！”赵匡胤这才调转马头，带着陈桥兵变的队伍向汴京进发。

无疑，赵匡胤是冷静睿智的，他没有被暂时的胜利冲昏头脑，而是总结历史教训，反观现实，走好眼下及未来的每一步。

汴京城内守备都城的禁军将领石守信、王审琦等人都是赵匡胤的“义社兄弟”。陈桥驿兵变一发动，赵普就派人同他们联系开城接应。因此，赵匡胤的将士兵不血刃就控制了后周的都城汴京。直到此时，后周的宰相范质等人才知道不辨军情真假就仓促出兵是上了别人的当，但为时已晚，只得向赵匡胤跪拜，协助赵匡胤举行禅让仪式。

因为赵匡胤当时兼任宋州归德军节度使，于是就用“宋”为国号，改元“建隆”，习惯上称赵匡胤建立的宋朝为“北宋”，因为都城在汴京，即开封。赵匡胤就是历史上的宋太祖。

赵匡胤通过“陈桥兵变”，用和平的手段避免了一场流血的战斗，夺得了皇位，使北方正在好转的社会生产力没有遭到任何破坏。赵匡胤一生对历史的最主要的贡献，就在于他的所作所为顺应了历史发展的潮流。

历史上的各种政变，鲜有不流血牺牲而获成功者，赵匡胤却做到了，并开创了一个令人瞩目的大宋王朝。他为后世政权的顺利过渡做了表率。

“杨家将”抗辽

与大宋王朝统一全国的其他战役不同，宋辽之战是以议和告终的。宋太祖花了十三年工夫，灭了南方各国，接着，就出兵攻打北汉都城太原。北汉请辽朝出兵援助，宋军吃了败仗。宋辽之战另一个导火索就是历史上遗留下来的幽云十六州问题。

宋太祖一直把收复幽云地区当作一大夙愿。然而，还未实施就得病死去。他的弟弟赵匡义继承皇位，就是宋太宗。到了宋太宗时，当然也就把夺取幽云地区作为自己奋斗的一个目标。979年，宋太宗消灭了北汉后，立即决定直接向幽州进军。

此时，辽朝正是辽景宗耶律贤当政。耶律贤任用萧守兴做尚书令，立萧守兴的女儿为皇后，即萧燕燕。由于景宗经常生病，对朝政颇感力不从心，而萧燕燕才貌出众，精通韬略，这一切都为萧燕燕管理朝政提供了一个良好的机遇。萧燕燕在与景宗朝夕相伴的日子里，不仅在生活上对景宗体贴入微，而且谈及军国大事常常语出惊人、切中要害。970年，辽景宗就是依照她的计谋，平息了辽北边部族的叛乱。

到了974年，北宋朝廷遣使求和，辽廷臣僚大多数认为不可行，而萧燕燕从双方对垒的形势出发加以分析，指出议和对辽方有利。景宗当然采纳了她的意见。可见，萧燕燕深得帝心，备受景宗的宠幸和信任。

当宋太宗发兵幽州时，正是景宗病情日益加重、萧燕燕已经临朝决事之际。萧燕燕接到幽州留守韩德让的求援信息后，当即命令名将耶律休哥等人率兵救援。而宋太宗一方因求胜心切，昼夜猛攻，早已人困马乏，被辽军打得大败而逃，在危急关头，被杨业大军所救。

杨业就是我们在评书《杨家将》中所熟知的杨继业。杨业原名杨重贵，原来是北汉的将领。由于他勇敢善战，人称“杨无敌”。北汉的统治者刘继元为表彰杨业的功绩，为他改名杨继业。北汉灭亡后，杨业降宋，恢复了原姓，单名“业”，成为北宋王朝的一名将军。杨业的妻子佘氏也是一个很有军事才能的人，出自云州的大族。她的祖父、父亲、兄弟，在五代后唐、后周和北宋初年都镇守过府州，多次与契丹交战。佘氏也善骑射，曾帮助丈夫屡建奇功。在我们所熟知的故事中，她也被称为“佘太君”。宋太宗鉴于杨业熟悉北方边疆的情况，派他做代州刺史，隶属于大将潘美部下。潘美便是评书《杨家将》中令人恨之入骨的奸臣——潘仁美。历史上的潘美虽然也曾征战沙场，屡建功勋，但在杨业的死上，他却扮演了一个极不光彩的角色。

佘太君生长在一个爱国名将的家庭里，少年时便研习兵法，颇通将略，把戍边御侵、保卫疆域、守护中原民众视为己任，协助父兄练兵把关，已具备巾帼英雄的气度。

本来杨业是奉宋太宗之命，去太原搬运粮械，不想却在归途中遇到了穷途末路的宋太宗。宋太宗急忙大声呼救，杨业见状不顾个人安危，奋身跳入泥潭，轻轻将宋太宗拽起，递交给岸上的将士们，然后又返身去牵引宋太宗的坐骑。

宋太宗正坐在岸上喘息，称赞杨业救驾有功，忽见后面尘土飞扬，似乎又有辽军追杀而来。宋太宗皱眉道：“敌军来了，怎么办？”杨业挺身道：“请陛下先行一程，由臣父子退敌便是。”杨业见御马已躺卧在地，不能前行，就想让宋太宗骑自己的马先走。太宗推辞道：“卿欲退敌，不可以没有坐骑。朕看装载粮饷的驴车可以腾出一辆，由朕先坐一辆去吧。”杨业遵旨，命部卒腾出一辆驴车，请太宗入座先行逃走了，自己则

杨业的动作和语言，流露出对宋太宗的赤胆忠心。杨业的忠君思想极其浓厚，是个名副其实的忠臣。

与儿子勒马待敌。

太宗返回不久，便接到杨业大退敌兵的情报，太宗十分高兴，对群臣说："辽兵入寇镇州，没有得逞，将来必要移往别处骚扰，朕看代州一带至关重要，须派良将把守，才能保证无患。"群臣一致赞同。太宗又说："朕有一人在此，可以胜任。"随即招呼左右："宣杨业入殿。"不多一会儿，杨业入殿，晋谒(yè)太宗。太宗亲切地说："卿熟悉边情，智勇兼备，今特任你为代州刺史，望勿推辞！"杨业叩头说："陛下有令，臣怎敢推诿(wěi)！"太宗大喜，赐予鞍马戎装，令他即日起程。杨业叩谢而出，率领儿子杨延玉、杨延昭等，向代州出发。

宋太宗看到了杨业的一片忠心，因为对他格外信任和器重，坚决委以重任。

杨业特别喜欢杨延昭，每次出师都让他跟着。到了代州，正值天寒地冻，杨业马上派人修城，亲自进行监督，就是刮风下雪也不懈怠。

第二年三月，辽军进犯雁门关，代州接到紧急战报。当时杨业手下只有几千名骑兵，而辽军却号称十万。雁门关在代州的北面，是中原的一道重要门户，雁门有失，代州也就危险了。杨业略一沉吟，对两个儿子说："辽军号称十万，我军不过几千，就是以一当十，也未必能够取胜，看来只好用智，杀他个下马威，才能使他不敢轻视我们。"杨延昭说："我看最好从小道绕出去，突然袭击辽兵的背后，出其不意，方可取胜。"杨业点头说："我也是这么想的。兵不在多，只教他们深夜伏击，打他个措手不及，让敌人自行溃散。"杨业说罢，当即挑选禁卒数千名，由雁门关经南关出去，绕到雁门北口。这时正当星斗黯黯，遥见雁门关下，黑压压地扎着敌人的大营。杨业令杨延玉带兵三千，从左杀入；杨延昭带精兵三千，从右杀入，自己率健卒百骑，独踏中坚。三路兵马转眼到了辽营附近，

杨延昭也叫杨六郎，智勇善战。辽国人认为北斗七星中的第六颗主镇幽燕北方，是他们的克星，辽国人就把他看作是天上的六郎星宿(将星)下凡，故称为杨六郎。

便齐声呐喊，捣将进去。辽兵只是防备关内兵士出来袭营，压根儿没想到宋军会从背后杀来，真是防不胜防，都吓得东躲西逃。中营里面有一辽邦节度使驸马，自以为骁勇，执着利斧，从帐后出来抵敌，正巧碰上杨业。两马相交，战作一团，战到十余个回合后，只听杨业一声大吼："胡虏哪里逃？"那驸马便连头带盔咕咚一声飞落马下。驸马一死，辽兵顿时大溃。黑暗中自相践踏，伤亡甚多。杨业父子杀退辽兵，便整军进入雁门关，检查兵士，不过伤了数十人。当即休息半月，驰回代州。从此，辽兵一见"杨"字旗号，就落荒而逃。

杨家将确实骁勇善战，如神兵天降，辽兵已被杨家将的神威所慑服。

经过雁门关这次出奇制胜的袭击，北方的形势暂时稳定下来。宋太宗又给杨业升了官。但是身为主帅的潘美并不高兴，因为杨业赢得了战功，使杨家的声誉更高了。

982年，体弱多病的辽景宗逝世。萧燕燕刚满十二岁的长子耶律隆绪即位，也就是辽圣宗。萧燕燕正式临朝，被尊为"承天皇太后"。这一切似乎都是按照常规在很自然的情况下进行的，其实平静中却隐藏着祸端。那些手握兵权的王室大臣无不虎视眈眈地盯着幼帝的宝座，形势之严峻，大有一触即发之势。年轻的萧太后面对这种复杂的局面，内心虽然感到焦虑，但行色如常，暗暗对所有臣僚一一进行分析，她想到的第一个问题就是兵权。她首先恢复国号为大契丹，任命昔日的朋友韩德让和辽国名将耶律休哥为左膀右臂。萧燕燕和幼帝对韩德让十分宠信，为韩德让施展自己的政治才干提供了用武之地。韩德让忠心为国，勇于进谏，虽有时也有粗暴之嫌，但总的来说颇能顾全大局，成了萧燕燕不可缺少的得力助手，他与萧燕燕应该说是同为一体，大凡萧燕燕的作为，都有他的

萧太后心思深沉，思维敏锐，一下就抓住了问题的要害，兵权在此刻是立国之根本。

一份在内。

然而，宋人认为，萧燕燕的所作所为必然会引起辽朝内讧(hòng)，加上幼帝即位不久，正是攻辽的大好时机。因此，986年，宋太宗再次调集三路大军，对辽朝发动了大规模的进攻。

宋太宗顺应民意，先发制敌，掌握了战争的主动权。忠诚英勇的杨业无疑是宋太宗手中一枚取胜的重要筹码。

北宋的三路大军中，中、西两路的战争形势本来是很好的，但由于东路大军贪功冒进，打破了原来的作战计划，使粮饷一时供应不上，造成惨败。宋太宗获悉后，下令全线撤军，命令潘美和杨业的部队放弃四州土地，退守雁门关以南的代州，并保护四州百姓后撤。杨业知道辽军已经占领了主动，只能分散他们的兵力，各个击破，并提出了切实可行的保卫式作战方案，然而，潘美却力主出兵正面迎击敌人。杨业反对，潘美却无动于衷地说："将军父子，均负盛名，今日未战先馁，无怪乎大家不解。你尽管大胆前去，我自前来救应。"杨业无奈，整顿戎装，号令部下，准备出发。临行前，他前思后想，不免感到委屈、伤心，流着热泪对潘美说："业本为太原降将，理应早死，蒙皇上不杀，提拔重用，怎能不铭记在心！业绝非是为了纵容敌人，实在是为了等待适当的时机，杀敌立功，报答皇上的恩遇。今日诸公责备我杨业躲避敌人，业还敢自爱吗？此次出兵恐不能再见主帅了……"说到这里，杨业声泪俱下，哽咽难以自制。过了一会儿，杨业又说："敌兵狡猾，机变莫测，必须好好提防。我此去陈家谷，地势险峻，可以驻守，请主帅也派兵到那里去。这样可以前后夹击，否则，恐怕就危险了。"潘美拉长了脸，冷冷地说："知道了。"杨业率领杨延玉和老将王贵等，从拂晓出击，战斗进行得十分顺利。潘美等人在陈家谷等了多时，不见杨业部队，以为前方已经打胜了，为了争

可怜的老将无从把握自己的命运，只能任由奸臣摆布，可悲可叹。他此刻可能并不是为自己而感到伤心，而是为国为君忧虑，一片赤诚之心至死不泯。

凄凉的环境烘托出杨业内心的无限悲伤和愤懑。但事实难以改变，败局难以挽回，眼下只能拼死一战了。他的体恤部下和部下的不离不弃，真是感天动地。

历史上多少忠臣都被奸臣害，老将忠臣的惨烈冤死使人惋惜悲愤。历史总是有意无意地留下一些遗憾和不平，让后人难以释怀。

一代忠臣名将之死，留下了千古恨，也留下了丰厚的精神遗产，永远感召后人。

功，他们迫不及待地发动了进攻。

当潘美的部队向前推进二十多里，听说杨业战斗失利，非但不去营救，反而抱头鼠窜，逃了回去。杨业的部队在辽兵的包围下，浴血苦战，直到天黑，才突出重围，退向陈家谷。此时只剩下一百多人了，杨业眼巴巴地盼望潘美的援军前来接应，可谷中空无一人，只有冷风呼啸，在空谷中发出凄厉的哀鸣。杨业知道大势已去，吩咐他的部下："赶快逃生去吧。"但战士们谁也不愿丢下老将杨业独自逃生。结果，王贵壮烈牺牲，杨延玉也死在乱军之中。杨业受伤数十处，他的战马也因受重伤，不能继续奔驰，杨业无奈，只好暂避林中。不幸的是，一个契丹将领瞥见了杨业的袍影，立即用强弩(nǔ)射来，正中马腹，杨业也应声坠地，被契丹将领捉去。杨业被俘后，不肯向契丹低头投降。他想到自己对大宋一片忠心，却遭到奸臣的陷害，以至于兵败被俘，无限悲愤，决心用绝食而死来表白自己的一片丹心。这个威震敌胆的沙场老将，在绝食三天后，死于被押解往燕京的途中。面对宋军的三路大军，萧燕燕沉着冷静，亲帅大军，挟幼主援助前方的将士。而大宋一方的大军却在将帅之间的倾轧与冒进下以失败告终。尤其是杨业之死更是令人叹惜。

杨业之死，使北宋失去了一个智勇双全、深受部下爱戴而又威震契丹的名将。他受陷害和部下一起壮烈牺牲的事迹，令许多人为之落泪。人们为杨业的无辜被害而惋惜、悲恨，也对潘美等人的嫉贤妒能、逼迫杨业致死的恶劣行径恨之入骨。杨业的妻子佘太君向北宋政府提出了强烈的控诉，潘美等人因此被降官或发配。然而，英雄已去，忠魂难慰。历史总是以无数屈死的冤魂，推动着它那沉重的车轮艰难前行。

王安石变法

宋神宗时期，宋朝的政治已经很腐朽了，因为连年战乱和每年向西夏、辽国交纳的岁币物品以及大小官吏的俸禄已经使朝廷每年入不敷出；百姓的生活更是艰难，甚至有的地方，农民们连赖以生存的田地都被掠夺了，根本无法生存，只有起义反抗。宋朝的阶级矛盾也就越来越严重了。

王安石是宋朝著名的文学家和政治家，抚州临川人。他二十岁中进士，做了几任地方官。他在鄞(yín)县当县官的时候，正逢那里灾情严重，百姓生活十分困难。王安石兴修水利，改善交通，治理得井井有条。每逢青黄不接的时节，穷人的口粮接不上，他就打开官仓，把粮食借给农民，到秋收以后，要他们加上官定的利息偿还。这样做，农民可以不再受大地主豪强的重利盘剥，日子比较好过一些。

王安石在做县官的时候，就已表现出过人的改革智慧和能力。这为他后来在全国范围推行变法打下了基础。

王安石做了二十年地方官，名声越来越大。后来，宋仁宗调他到京城当管理财政的官，他一到京城，就向仁宗递上了一份万言书（约一万字的奏章），提出他对改革财政的主张。宋仁宗并不采纳，把王安石的奏章搁在一边。王安石知道朝廷没有改革的决心，跟一些大臣又合不来，他就趁母亲去世的时机，辞职回家。

驾崩：中国古代称皇帝或皇太后、太皇太后的死亡为驾崩。

过了一段时间，仁宗和英宗相继驾崩，王安石接到宋神宗召见的命令，又听说神宗正在物色人才，就高高兴兴应召上京。

王安石到京城后，宋神宗要他回去写个详细的改革意见。王安石当天晚上就写了一份意见书，第二天送给神宗。宋神宗认为王安石提出的意见都合他的心意，越加信任王安石。

改革方案是王安石经过长期深思熟虑了的，所以才会这么快就写出来，并且赢得了宋神宗的赞许和信任。

1069年，宋神宗把王安石提升为副宰相。那时候，朝廷里名义上有四名宰相，病的病了，老的老了，有的虽然不病不老，但是一听见改革就叫苦连天。王安石知道，跟这些人一起办不了大事，经过宋神宗批准，任用了一批年轻的官员，并且设立了一个专门制定新法的机构。这样一来，他就放开手脚进行改革了。

王安石变法的主要内容包括：

青苗法：这个办法是他在鄞县试用过的，现在拿来推广到全国实行。农田水利法：政府鼓励地方兴修水利，开垦荒地。免役法：官府的各种差役，民户不再自己服役，改为由官府雇人服役。民户按贫富等级，交纳免役钱，原来不服役的官僚、地主也要交钱。这样既增加了官府收入，也减轻了农民的劳役负担。方田均税法：为了防止大地主兼并土地，隐瞒田产人口，由政府丈量土地，核实土地数量，按土地多少、肥瘠收税。保甲法：政府把农民按住户组织起来，每十家是一保，五十家为一大保，十大保为一都保。家里有两个以上成年男子的，抽一个当保丁，农闲练兵，战时编入军队打仗。

王安石的这些变法措施主要涉及农民和土地，倾向于农民，它既有积极的一面，也有不少局限性，导致在推行过程中导致了阶级矛盾的激化。

王安石的变法对巩固宋王朝的统治、增加国家收入，起了积极的作用。但是，他也触犯了大地主的利益，遭到许多朝臣的反对。

有一次，宋神宗把王安石找去，问他说：“外面人都在议论，说我们不怕天变，不听人们的舆论，不守祖宗的规矩，你看怎么办？”

王安石坦然回答说：“陛下认真处理政事，这就可说是防止天变了；陛下征询下面的意见，这就是照顾到舆论了；再说，人们的话也有错误的，只要我们做得合乎道理，又何必怕人议论。至于祖宗老规矩，本来就不是固定不变的。”

王安石推行变法的决心是坚定的，但他要想顺利推行变法，就必须自始至终得到皇帝的全力支持，因此王安石试图彻底打消皇帝的顾虑。

王安石坚持三不怕，但是宋神宗并不像他那么坚决，听到反对的人不少，就动摇起来。

1074年，河北闹了一次大旱灾，一连十个月没下雨，农民断了粮食，到处逃荒。宋神宗为这个发愁，有一个官员趁机画了一幅《流民图》献给宋神宗，说旱灾是王安石变法造成的，要求神宗把王安石撤职。宋神宗看了这幅《流民图》，只是长吁短叹，晚上睡不着觉。神宗的祖母曹太后和母亲高太后也在神宗面前哭哭啼啼，说天下被王安石搞乱了，逼神宗停止新法。

王安石眼看新法没法实行下去，气愤得上书辞职。宋神宗也只好让王安石暂时离开东京，到江宁府去休养。

第二年，宋神宗又把王安石召回京城当宰相。刚过了几个月，天空上出现了彗星。这本来是正常的自然现象，但是在当时却被认为是不吉利的预兆。宋神宗又慌了，要大臣对朝政提意见。一些保守派又趁机攻击新法。王安石竭力为新法辩护，要宋神宗不要相信这种迷信说法，但宋神宗还是犹豫不定。

保守派趁机将自然现象附会成坏的预兆，动摇人心，阻遏变法的实行。当时包括苏轼在内，都是极力反对王安石变法的。

王安石没办法继续贯彻自己的主张，到第三年（1076年）春天，再一次辞去宰相职位，回江宁府去了。

王安石两次下台，使变法遭受了巨大的打击。神宗死后，代表保守的官僚和地主的司马光上台，废除了新法。至此，王安石变法彻底结束了。

司马光与《资治通鉴》

在我国的史书档案中，有一部与《史记》齐名的史学巨著，它就是《资治通鉴》。上至战国，下至五代，一千三百六十余年的史事，按照《左传》的体例，被编成了一部二百九十四卷的编年体历史巨著。它的作者就是司马光。

司马光，字君实，是我国北宋时期著名的历史学家。1019年，司马光诞生在一个官宦家庭。他的父亲司马池当时正在做光山县令，于是他就被取名"光"。司马池曾经官至尚书、吏部郎中、应天章阁待制。书香门第的熏陶、父亲的言传身教，使年仅七岁的司马光"已颇知世事如成人"。他的名声，从他幼小的时候已经开始传开了。一次，司马光和小伙伴在院子里玩捉迷藏，一个孩子不小心掉进了比自己还要高的水缸中，缸大水深，眼看那孩子快要没顶了，好多孩子都吓得边跑边喊救人。司马光见状却急中生智，迅速地搬起一块大石头，使劲地向大缸砸了过去，随着"哐啷"一声响，大缸被砸破了，水从破口喷涌而出，那个溺(nì)水的孩子也被冲了出来。从此，司马光的聪明机智远近闻名。

司马光从小就爱好史学，"自幼至老，嗜(shì)之不厌"。他尤其喜欢《左氏春秋》，每次听私塾里的老师讲解过后，他回到家里都可以向家人复述出大意。一本书学完后，他不但能够背诵，而且能把这二百多年的历史大概讲得清清楚楚。为了让自己不至于因为贪睡而耽误了学业，每次读书困乏时，他就枕着圆木稍微睡一会儿，一旦睡熟，圆木滚动，他就会被惊醒，继续读书直至天明。十几年的持之以恒，使司马光“于学无所不通”，落笔处才思如泉涌。1038年，还不到二十岁的司马光就金榜题名，高中甲科进士，被朝廷授予奉礼郎，后经枢密副使庞籍推荐，任馆阁校勘。

司马光在对历史的研究过程中，觉得当时缺少一部完整的、系统的、简明的通史著作，给青年人学习历史带来很大的困难。另外，司马光与王安石是同时代的人物，确切地说，他们是最大的政敌。王安石推行变法，希望以社会变革来挽救危机，司马光却认为，治理国家不在乎多变，主要是靠引用贤人。为了从历史中找到大治的经验，他想要编写一部通史，“叙国家之盛衰，著生民之休戚”，吸取历史上治乱盛衰的历史经验和教训。于是，在仁宗皇帝赵祯(zhēn)的启示下，司马光决定着手编写通史。

两个杰出的人物，治理国家的策略不同导致结果迥异，王安石推行变法失败了，司马光从历史中寻找大治的经验编写出了历史巨著《资治通鉴》。

由于受到北宋朝廷的重视，司马光能够充分地利用到国家的藏书。1064年，司马光就已经完成了先秦部分的史稿，也就是《资治通鉴》的前八卷。宋英宗在金碧辉煌的文德殿内召见了司马光。司马光叩拜说：“陛下，臣已编就《通志》，共八卷。书中写了自周烈王二十三年(公元前403年)起，到秦二世三年(公元前207年)止，共一百九十五年的七国(齐、楚、燕、韩、赵、魏、秦)的兴亡史。请陛下御览。”宋英宗翻阅了目录和一些章节，问司马光：“往下的历史还准备写吗？”司马光急忙回答说：“臣准备写下去，直到五代为止。”宋英宗一听，高兴地说：“朕知你忠心耿耿，不畏艰难，但要编好一大部通史，仅凭你一个人也难以完成，你可以选一些精通史学的人，协助你编写史书。”司马光应命而起，立即在崇文院设立书局，约请刘颁、刘恕、范祖禹等人，一起研究编写工作。崇文院是国家藏书最集

司马光根据各人所长，分阶段包干负责，然后由司马光把关提炼和删节，这本巨著主要是以年代为经，以事件为纬，逐年排比，共多达二百九十四卷。

中的地方，有图书三万多卷。有了这一坚强的后盾，司马光等人可以引用的资料更加丰富了。他们除了正史之外，还参照了杂史和其他各类图书共三百多种。这些材料后来大半失传，是靠司马光等人有选择地引用，才把它们保存了下来。在编写的过程中，他们从开始收集材料到最后定稿，有一套严密的工作步骤和编写方法。司马光对史料的考订、文字的剪裁和润色，采取严肃认真、一丝不苟的态度。从开头一卷到最后一卷，都由他一人负责审定。

1067年，宋神宗即位，又一次召见了司马光，鼓励他继续努力完成这项工作，并为这部书定了书名，叫作《资治通鉴》。司马光大喜过望，赶紧跪拜说："谢陛下。臣等一定尽力把《资治通鉴》编好。"宋神宗又说："朕要为《资治通鉴》作序，告诫后代君主和官吏，要把《资治通鉴》作为治理国家的镜子，每日进读，不忘历史教训。"应该说，司马光没有让宋神宗失望，更没有让天下人失望。《资治通鉴》对关系到国家治乱的农民起义和民族战争，做了比较详细的记载。对各个王朝统治人民的经验和教训，书中更加重视。司马光对于历代统治者如何任用贤才，如何做到信赏必罚，都作为成功的经验加以叙述，甚至对历史上国君的荒淫、残暴，以及统治阶级的种种倒行逆施，也有一定的揭露和谴责。对历史上有很大影响的人物，如秦始皇、汉武帝，既肯定了他们的历史功绩，也毫不隐瞒他们的过失。

皇帝的特别重视，有力地推动了司马光用尽心思编好《资治通鉴》的决心。《资治通鉴》的成功也彰显了宋神宗的文治成就。

到了1071年，司马光由于反对王安石变法，辞官迁居洛阳继续编书，书局也随他迁到了洛阳。经过前后十九年的精心编纂(zuǎn)，在1084年，司马光终于完成了这部史学的光辉巨著。

靖康之耻

由于东京军民的坚决抵抗，金将宗望被迫退兵。种师道向宋钦宗建议，在金兵渡黄河退却的时候，发动一次袭击，把金兵消灭掉。这本来是个好主意，但是宋钦宗不但不同意，反而把种师道撤了职。

金兵退走以后，宋钦宗和一批大臣以为从此可以过太平日子了，他们把宋徽宗接回了东京。李纲一再提醒宋钦宗要加强军备，防止金军再次进攻，可是每次提出来，总受到一些投降派大臣的阻挠。宋钦宗也嫌李纲啰唆。哪料到东路的宗望刚退兵，西路的宗翰率领的金兵却不肯罢休，加紧攻打太原。宋钦宗派大将种师中带兵援救，半路上被金兵包围，种师中兵败牺牲。投降派大臣正嫌李纲留在京城碍事，就撺掇(cuān duō，*在一旁鼓动人做某事*)宋钦宗把李纲派到河北去指挥作战。

一些正直的大臣认为朝廷不该在这个时候让李纲离开京城，但是宋钦宗却硬要把李纲调走。李纲明知道自己遭到排挤，但是要他上前线抗金，他也不愿推辞。钦宗拨给他一万二千人，他向朝廷请求拨军饷银、绢、钱各一百万，朝廷只给了二十万。李纲想做好准备工作再走，宋钦宗嫌他拖拉，一再催促，李纲只好匆匆出兵。

李纲到了河阳，招兵买马，修整武器。但是朝廷却命令他解散招来的新兵，立刻前去太原。李纲调兵遣将，分三路进兵，但是，那里的将领直接受朝廷指挥，根本不听李纲的调度。三路人马没统一指挥，结果打了一个大败仗。

李纲名义上是统帅，实际上没有指挥权，只好向朝廷提出辞职。投降派又攻击他专门主张抗金，打起仗来却损兵折将。宋钦宗把李纲撤了职，贬谪到南方去了。金朝君臣最怕李纲，现在李纲被罢了官，他们就毫无顾忌了。金太宗又命令宗翰、宗望进攻东京。

这时候，太原城已经被宗翰的西路军围困了八个月。太原守将王禀率领军民坚决抵抗。金兵用尽一切办法攻城，都被王禀打退。日子一久，城里断了粮，兵士把牛马、骡子杀了充饥；牛马吃完了，就把弓弩上的皮革煮来吃。老百姓天天吃野草、糠皮，没有一个人投降。最后，太原城终于被金兵攻破。王禀带着饥饿的兵士跟金兵巷战之后，自己跳到汾水里牺牲。

太原城失守，百姓变饿殍，将军壮烈死，可见决策者的昏庸无能。

太原失守之后，两路金兵继续南下。各路宋军将领听到东京吃紧，主动带兵前来援救。宋钦宗和一些投降派大臣忙着准备割地求和，竟命令各路援军退回原地。

这时候，在黄河南岸防守的宋军还有十二万步兵和一万骑兵。宗翰的西路军到了黄河北岸，不敢强渡。到了夜里，他们虚张声势，派兵士打了一夜战鼓。南岸的宋军听到对岸鼓声，以为金兵要渡河进攻，纷纷丢了营寨逃命，十三万宋军一下子逃得精光。宗翰没动一刀一枪，就顺利地渡过了黄河。宗望率领的东路，也攻下大名，渡河南下。两路金兵不断向东京逼近，把宋钦宗吓昏了。一些投降派大臣又成天向宋钦宗嘀咕，说除了求和之外，没有别的出路。宋钦宗只好派他弟弟康王赵构到宗望那里去求和。

求和只是一厢情愿，金朝耍的什么把戏不言而喻。但此时的主动权已握在金朝手中，视宋朝为鱼肉。

赵构经过磁州时，州官宗泽跟赵构说："金朝要殿下去议和，这完全是骗人的把戏。他们已经兵临城下，求和还有什么用呢？"

磁州的百姓也拦住赵构的马，不让他到金营去求和。赵构害怕被金朝扣留，就在相州留了下来。

没有多久，两路金军已经赶到东京城下，猛烈攻城。城里只剩下三万禁卫军，也是七零八落，差不多逃亡了一大半。各路将领因为朝廷下过命令，也不来援救东京。这时候，宋钦宗再想召回李纲，已经来不及了。

宋钦宗急得束手无策。东京城里有个大骗子，名叫郭京，吹嘘会使"法术"，只要招集七千七百七十九个"神兵"，就可以活捉金将，打退金兵。一些朝廷大臣，居然把郭京当作救命稻草，让他找了一些地痞(pǐ)无赖，充当"神兵"。到金兵攻城的时候，郭京和他的"神兵"上去一交锋，就全垮下来。东京城被金兵攻破。宋钦宗眼看末日来到，痛哭了一场，只好亲自带着几个大臣手捧求降书，到金营去求和。宗翰勒令钦宗把河东、河北土地全部割让给金朝，并且向金朝献金一千万锭，银二千万锭，绢帛一千万匹。宋钦宗一一答应，金将才放他回城。

宋钦宗真是丑态百出，龙颜尽失，惶惶然如丧家之犬。不知他是否醒悟，这样的下场正是他自己一手造成的。

钦宗回到城里，向百姓大刮金银，送到金营。金将嫌他太慢，没多久，又把宋钦宗叫到金营，扣押起来，说要等交足金银后再放。宋钦宗派了二十四名官吏帮金兵在皇亲国戚、官吏、和尚道士等家里彻底查抄，前后抄了二十多天，除了搜去大量金银财宝之外，把珍贵的古玩文物、全国州府地图档案也一抢而空。

宋钦宗为了保全自己的性命，采用暴利的手段搜刮钱财，他的无耻行为令人发指。

1127年4月，宗翰、宗望和他们率领的金军，俘虏了宋徽宗、宋钦宗两个皇帝和皇族、官吏二三千人，满载着搜刮来的财物，回北方去。从赵匡胤称帝开始的北宋王朝统治了一百六十七年，宣告灭亡。同年五月，宋徽宗的第九个儿子康王赵构在南京应天府称帝，改元建炎，史称"南宋"。赵构就是宋高宗。

一代天骄成吉思汗

介绍蒙古族崛起的历史契机。

在南宋朝廷萎靡不振的同时，金朝权贵也过起了骄奢淫逸的生活，朝廷日益腐败。北方的蒙古族趁这个时机强大起来。

1206年，铁木真统一了蒙古，蒙古各部首领在斡(wò)难河举行大会，大家推举铁木真为全蒙古的大汗，并尊称他为成吉思汗。成吉思汗成为蒙古族历史上第一位全族公认的大汗。

倒叙手法，讲述铁木真童年的悲苦遭遇，他父亲充满戏剧性的死，激起他心中复仇的火焰，为他后来当上汗王做铺垫。

铁木真本来是蒙古族孛儿只斤部酋长也速该的儿子。他幼年的时候，金王朝统治者对蒙古族人民实行残酷统治，蒙古各部落之间也互相攻击，蒙古族人民的生活十分艰苦。铁木真的祖先俺巴孩就是被金朝皇帝杀害的。

铁木真九岁那年，也速该把铁木真带到一个朋友家订亲。他把铁木真留在朋友家里独自回家，赶了一段路，肚子饿得慌，想找点东西吃，正好看见有一批塔塔儿部人在草原上举行宴会。他下马走进人群，按照当地风俗，参加了塔塔儿人的宴会。

塔塔儿部和孛儿只斤部打过仗。也速该没想到这一层，塔塔儿部有人认出了也速该，偷偷地在也速该吃的食物里放了毒药。也速该在离开宴会回家的路上，突然肚子疼，才想到是在宴会上中了毒。他忍着疼痛赶回家里，就咽了气。

也速该的死充满了戏剧性和传奇色彩，留给后人无限的猜疑和悬想。

也速该一死，孛儿只斤部失掉了首领，都散了伙。原来归附也速该的泰亦赤部也脱离了他们，还带走了不少也速该的奴隶和牲畜。铁木真的家境就一天不如一天了。

泰亦赤部的首领怕铁木真长大后会向他们报仇，就带领人马捉拿铁木真，想把他杀害。铁木真得到消息，连忙逃到一片森林里。

铁木真在森林里躲了九天九夜，没吃没喝，忍不住饥饿，走了出来。他一出森林，就被泰亦赤人抓住了。泰亦赤人给他戴上木枷，带到各个营帐里去示众。有一天，泰亦赤部的首领和百姓都在斡难河边举行宴会，只留了一个年轻的看守监视他。铁木真趁看守不防备，举起木枷把看守砸昏了，逃了出来。

以后，铁木真和他的母亲、弟妹又躲进深山里，靠捉土拨鼠、野鼠当饭吃，日子过得更艰苦了。

年轻的铁木真为了恢复父亲的事业，想尽办法，渐渐把他们部落失散的亲属和百姓聚集起来。他在跟别的部落的战斗中打了胜仗，力量渐渐壮大起来。

在磨难中成长起来的铁木真没有忘记父亲的事业，肩负复兴父业的重大使命，勇猛精进，在战斗中积蓄和充实力量。

铁木真跟另一个部落的首领札木合是朋友。他俩常常白天在树荫下举行宴会，晚间睡在一起，要好得像亲兄弟一样。但是，后来铁木真力量强大了，札木合部下有人投奔铁木真，札木合很不高兴。有一次，札木合的弟弟抢夺铁木真的马群，被铁木真部下杀了，双方发生了冲突。札木合集合了他统治的十三部一共三万人马攻打铁木真。

铁木真也不肯示弱，把部下的三万人马分成十三塞翁失马，焉知非福？打了败仗的铁木真却无意间获得了一个壮大实力的绝好机会。

支队伍，抵抗札木合的进攻。双方在斡难河边的草原上展开了一场大战，铁木真抵挡不住，败退了。札木合把抓住的战俘成批杀害，这件事引起札木合部下的不满，纷纷脱离札木合投奔铁木真。铁木真虽然打了败仗，实力反而更壮大了。

铁木真没有忘记杀害他父亲的仇人塔塔儿部首领蔑古真。没有多久，蔑古真得罪了金朝，金朝派丞相完颜襄约铁木真配合进攻塔塔儿部。铁木真认为这是个报仇的好机会，就和金兵一起夹击塔塔儿部，把塔塔儿部打得全军覆没，俘获了大批人口和牲畜、辎(zī)重。金王朝认为铁木真立了功劳，封他做前锋司令官。

以后，铁木真又经过几次战斗，陆续消灭了蒙古高原好几个部落，终于统一了全蒙古。他被蒙古各部首领推举当了大汗。

成吉思汗即位以后，建立了军事和政治制度，使用了蒙古文字，使蒙古成了一个强大的汗国。但是金朝还把蒙古当作它的附属国，要成吉思汗向他们进贡。成吉思汗立志要改变这种屈辱的地位。

金章宗死后，太子完颜永济即位，派使者到蒙古下诏书，要成吉思汗下拜接受。成吉思汗问使者新皇帝是谁，使者告诉他是永济。

成吉思汗轻蔑地吐了一口唾沫，说："我原来以为中原主人是天上人做的，像这种庸碌无能的人也配做皇帝？"说罢，就把金朝的使者丢在一边，自己上马走了。

打那以后，成吉思汗就跟金朝决裂了。

1211年，成吉思汗决心大举进攻金朝。他登上高山对天祈祷，说："金朝皇帝杀害我的祖先俺巴孩，请允许我报这个仇吧！"接着，他就选了三千名精锐骑兵南下。金将胡少虎带了三十万金兵抵抗，被蒙古军打得一败涂地。

三千大败三十万，金兵不堪一击，蒙古骑兵的骁勇神威令人刮目相看。

过了两年，蒙古兵又打进居庸关，围攻金朝的中京（洛阳）。成吉思汗跟他四个儿子分兵几路，在河北广大平原上横冲直撞，所向无敌。

这时候，金朝内部十分混乱，金主完颜永济被杀，新即位的金宣宗不得不向成吉思汗求和，献出大批金帛，把公主嫁给成吉思汗，成吉思汗才撤兵回去。

成吉思汗打败了金朝，兵力更强大了。1219年，有一支蒙古商队受成吉思汗派遣到西方去，经过花剌子模，被当地的守将杀害。成吉思汗亲自率领二十万蒙古大军攻打花剌子模，接着，又向西攻打，占领了现在的中亚细亚各国，前锋一直打到现在的欧洲东部和伊朗北部，才带兵回国。

成吉思汗的铁骑所向披靡，横扫欧亚大陆，大展雄风，威震世界。这是中国版图最大的时期。成吉思汗的丰功伟业在此达到顶峰。

成吉思汗带兵西征的时候，曾经要西夏发兵帮助，西夏不但拒绝出兵，而且和金朝结为同盟。成吉思汗回来以后就决心灭掉西夏。在围攻西夏京城的最后时刻，他自己却得了重病。他知道自己病体难愈，就在病床上对部下将领说："我们攻打金朝，要向宋朝借路。宋朝和金朝冤仇很深，一定会答应我们。"

成吉思汗死后，他的儿子窝阔台接替他做大汗。窝阔台按照成吉思汗的遗嘱，向宋借路，包围金朝京城开封。1233年，蒙古军攻破开封，金哀宗逃到蔡州。蒙古又联合宋围攻蔡州。

金哀宗派使者向宋理宗求和，说："金朝被灭，下一步就轮到宋国了；如果跟我们联合，对金、宋两国都有好处。"

宋理宗没有理睬他，金哀宗走投无路，只好自杀。1234年，金朝在蒙、宋两军夹攻下灭亡。

红巾军起义

元朝的统治者在内部争权夺利的同时，不断地加强对老百姓的剥削和压迫。元朝的皇帝都过着非常奢侈的生活。这些皇帝经常把大量的钱财赏赐给忠于他们的贵族大臣。此外，元朝的皇帝都信奉喇嘛教，每个皇帝即位后都要修建很多的佛寺，年年都要做大量的佛事，希望菩萨保佑他们长生不老，保佑元朝的江山永存。这些钱当然都是从老百姓那里搜刮来的。

元朝到了最后一个皇帝元顺帝的时候，社会越来越不安定了。皇帝、贵族、大大小小的官吏和地主富豪，像一把把大大小小的铁梳子，把老百姓刮了一遍又一遍。老百姓的土地被地主夺走了，没有田地耕种，吃不上饭，穿不上衣服，日子过得很苦。但官府可不管这些，他们仍然像吸血鬼一样向老百姓催粮逼税，不顾老百姓的死活。

至正四年（1344 年），黄河下游一带连续下了二十多天暴雨，河水猛涨，冲破好几处堤口，洪水吞没了今天的河南、山东、安徽、江苏好几十个州县。这下可把老百姓给害苦了，成千上万的老百姓被淹死，更多的老百姓无家可归，只好到处流浪。水灾退后，紧接着又是旱灾和蝗灾，饿死了很多人。人死得多了，瘟疫开始蔓延，又夺去了很多人的生命。

1351 年，朝廷强迫汴（biàn）梁、大名等地的十五万民工去修治黄河，同时还派了两万士兵监督他们。农户失去了劳力，还得拿出修河所需的物资。在治河的过程中，监工的官吏根本不把这些民工当人看待，使民工们怨愤交加，忍无可忍。这时，白莲教领袖韩山童也在民工队伍中，白莲教所宣传的“弥勒佛下生”和“明王出世”唤起了生活在黑暗中的老百姓对美好生活的向往，所以韩山童决定抓住时机发动起义。

当时人们的迷信和忠君思想非常浓厚，认为天意不可违，一切行为都要顺乎天意。所以在起义之前人为地制造一些充满神秘色彩的灵异之物是非常有必要的，这样可以击溃人们内心的最后一道防线，使起义名正言顺。

那时候，人们都有些迷信。韩山童和他的徒弟——颍(yǐng)州人刘福通暗地里凿了一个独眼石人，在石人背上刻了“莫道石人一只眼，此物一出天下反”十四个字，埋在将要动工的地底下。

4月底的一天，民工们果然在黄陵冈附近的河道底下挖出一个独眼石人。他们先是感到惊诧，然后就认为这是天意，是上天要他们起来斗争，推翻腐朽的元朝。这个消息在十五万民工中迅速地传开了，于是黄河南北人人都知道挖出了独眼石人，而且上面还刻着反诗“莫道石人一只眼，此物一出天下反”。

这其中的真实情形，当然只有韩山童和刘福通他们自己清楚。起义的时机终于来到了。

5月初，韩山童召集各地白莲教领袖在颍州的白鹿庄开会，大家头上都包着一块红布，准备发动起义。在会上，韩山童分析了当前的形势，宣读了起义的檄(xí)文。檄文痛斥了元朝统治者的贪得无厌和反动统治，号召人们誓死推翻元朝的统治。刘福通接着向大家介绍了韩山童的身世，为了扩大影响，他说韩山童是宋徽宗的第八代孙子，现在从日本借来精兵，要和元朝争夺天下。这样一来，大家都觉得韩山童了不起，这次起义是按照上天的意思发动的，肯定能成功。于是他们杀了一匹白马和一头黑牛，祭告天地，最后约定当年的农历八月十五起义，共同拥立韩山童为明王。

一次起义行动因为告密而失败了，扼腕叹息之余不能不引人反思：起义组织者如何才能躲避告密者的利眼。

天有不测风云。这些白莲教首领们谁也没有料到，他们聚会的消息被官府知道了。正当他们喝血酒的时候，官兵秘密地包围了白鹿庄，准备把他们一网打尽，把这次起义扼杀在摇篮之中。县官带领兵马冲杀进来，三千教徒仓促应战，奋起抵抗。刘福通等人精通武艺，多次击退涌上来的元朝士兵，可是他们的首领韩山童本是一个教书先生，虽然也会三拳两脚，最终还是不行。为了顾全大局，刘福通等壮士挥泪告别了韩山童，然后一阵冲杀，突围而去。元朝士兵冲上来俘虏了韩山童，这位优秀的农民起义组织者，刚刚点燃革命的烈火，就献出了自己的生命。

刘福通杀出重围后，回到自己的家乡颍州，继续组织力量，为死去的韩山童报仇，把革命继续下去。

民谣起到了鼓动民心的作用，民心鼓动起来后，农民起义就会顺应形势而爆发，从而使民谣变成了现实。

5月3日，刘福通率领起义军一举攻下颍州城，震动全国的元末农民起义终于爆发了，正好应验了当时的民谣“石人一只眼，挑动黄河天下反”。刘福通的军队纪律严明，作战勇敢，很受老百姓的拥护。起义军将士的头上都包着红布，所以人们称之为红巾军。这些起义军大都信奉白莲教，烧香拜佛，人们又叫它香军。朝廷听说颍州有人造反，慌作一团。元顺帝赶紧派枢(shū)密院同知赫厮、秃赤率领阿速军，会同河南省的汉军前往镇压农民起义军。阿速军是由强悍彪壮的阿速人组成的，是元朝政府的王牌军。可是，由于长期没有战争，这支王牌军腐化成了“豆腐军”，哪里是刘福通率领的红巾军的对手呢？

两军对垒的时候，赫厮一看红巾军人多势众，严阵以待，心里早凉了一半。刘福通不失时机先发制人，一下子就把官军给冲垮了。官军主帅带头逃跑，士兵们吓得屁滚尿流，抱头乱窜。阿速军全军覆没。

刘福通打败了阿速军之后，势力壮大起来。投奔红巾军的民众越来越多，很快就发展到十万人。

朱元璋建立明朝

在刘福通率北方红巾军起义后，南方的老百姓也受到震动，纷纷起义。其中发展最快、力量最强的要数朱元璋率领的起义军了。

朱元璋（1328—1398 年），字国瑞，出生于濠州（今安徽凤阳）钟离乡一户贫苦农民家里，他在兄弟四人中最小。因元代规定，平民无职者不得起名，一般只用行辈或父母年龄合算一个数目作为称呼，故而朱元璋起名叫“重八”。

朱元璋很小的时候，就去给财主大户家放猪放牛，吃尽了苦头。1344 年，淮北发生了严重的旱灾和虫灾，疾病到处流行。在这场大劫难中，朱元璋的父母和长兄都先后病死、饿死。十六岁的朱元璋靠乡邻的帮助，草草埋葬了亲人之后，孤苦无依，只好到附近的皇觉寺做了小和尚。不久，灾情越来越重，寺庙中的和尚也不得不外出讨饭。朱元璋入寺后不到几个月，就被打发出去，做了游方僧。他云游四方，到处乞讨，虽然受尽了风霜之苦，但同时也使他了解到了民间的疾苦，增长了社会见识。

元朝末年，政治越发黑暗腐败，阶级矛盾和民族矛盾十分尖锐。广大人民不堪忍受剥削、压迫和歧视，纷纷拿起武器起来斗争。终于在 1351 年，颍州爆发了韩山童、刘福通领导的元末农民大起义。

1352 年，朱元璋又回到了皇觉寺。这时，皇觉寺早已被战火所烧，元军又到处烧杀，朱元璋无处安身。不久，朱元璋接到濠（háo）州起义军中同乡汤和的相邀信，就投奔了濠州红巾军郭子兴的队伍。由于他勇这是一封彻底改变朱元璋命运的信，是朱元璋一个极为重要的人生转折点。

武过人，很快就被提拔为亲兵九夫长。不久，又成为郭子兴的亲信，并娶了郭子兴的养女马氏为妻。

1353年，朱元璋回钟离招兵，接着又收编了张家堡、横涧山的地主武装，势力逐渐壮大起来。此后，朱元璋以战功先任镇抚，后升总管之职，成为濠州红巾军中统兵一方的大将。

1355年，郭子兴病死。朱元璋以左副元帅职，成为这支起义军的实际领袖。同年，刘福通在亳(bó)州立韩山童的儿子韩林儿为帝，称小明王，年号龙凤，建立“大宋”政权。朱元璋和濠州起义军也开始用龙凤年号，有许多地主阶级知识分子聚集在朱元璋周围，如冯国胜、冯国用、李善长等。在这些人的影响下，朱元璋开始走出迈向帝王之路的第一步。

建立根据地是朱元璋走向帝位的一步很明智的棋。有了根据地就可以充实自己的军事和经济实力，可以建立自己的政权，也可以使军事行动进退自如。

1356年，朱元璋率军南下，攻破集庆，招降康茂才等军民五十余万。朱元璋改集庆为应天府，设立天兴建康翼统军大元帅府，龙凤政权任命朱元璋为江南等处行中书省平章。朱元璋利用自己居于各支起义军中间的有利形势，建立起以应天为中心的巩固根据地。

1357年，朱元璋派大将徐达、邓愈等攻克镇江、常州、常熟、扬州等地。1358年，朱元璋采用儒生朱升提出的“高筑墙、广积粮、缓称王”的主张，致力于巩固根据地的建设。他积极恢复和发展农业生产，兴修水利，加强政权建设，成为红巾军一支重要的抗元武装。龙凤政权的小明王韩林儿任命朱元璋为仪同三司江南等处行中书省左丞相。

在元末农民大起义的打击下，元朝统治很快土崩瓦解。起义军控制了全国的大部分地区。元统治集团内部也争权夺利，互相混战。1361年，朱元璋趁其内讧(hòng)之机，开始了兼并群雄的斗争。他制定了“先陈后张”的方针，把矛头首先对准实力雄厚、野心勃勃的陈友谅。陈友谅原是南方红巾军徐寿辉的部将，后来他谋杀了徐寿辉，自立为王，国号叫汉。他占据江西、湖南和湖北一带，倚仗地广兵多，建立了一个强大的割据政权。1360年，他率领强大的水军，从采石沿江东下，进攻应天府，一心想并吞朱元璋占领的地盘。

朱陈之战以朱元璋取胜而结束。四年苦战，调兵遣将，兵刃相接，使朱元璋壮大了自己的武装力量，为他夺取天下奠定了坚实的基础。

从1361年到1365年，经过四年的长期战争，朱元璋击败了陈友谅。灭汉之后，朱元璋抛开龙凤政权的封号，自立为吴王。接着朱元璋的兵锋又指向了张士诚和方国珍等武装力量。在讨伐张士诚的檄文中，朱元璋开始以封建制度的卫士自居，指责起义军对元王朝的反叛；谩骂起义军信奉的白莲教；诬蔑红巾军焚荡城郭、荼毒生灵。这些表明他已背离了农民阶级，成为地主阶级的代理人。他已经走完了从贫民——起义将领——封建帝王的演变之路。1365年年底，朱元璋派部将把龙凤政权的皇帝小明王韩林儿害死，彻底地背叛了农民阶级。

1367年，朱元璋在剿灭群雄之后，决心北上夺取政权。他命令大将徐达、常遇春率二十五万大军北伐，并亲授作战方略：先取山东，撤掉大都（现在的北京）的屏藩；然后回师河南，进据潼关，占领大都的门户；最后夺取大都，问鼎中原，统一全国。

朱元璋的作战方略是雄心勃勃的，具有全局眼光和战略高度，显示了他的雄才伟略。

1368年5月，朱元璋在应天称帝，建国号明，年号洪武，他就是明太祖。明军北伐由河南入山东，直逼通州，兵围大都。在明军的打击下，元顺帝北遁，元朝灭亡了。到1371年，朱元璋占据了四川；1387年，又收回了辽东等地。至此，朱元璋在我国历史上又一次完成了统一全国的伟大事业。

明王朝建国后，朱元璋面临着许多严重的问题。

战火摧残的社会经济亟待恢复；农民起义和斗争仍在继续，尖锐的阶级矛盾有待缓和；退居塞北的残元势力仍然企图卷土重来；明政权中，由于胜利，臣骄将悍，争权夺利，这些都是加强君主专制中央集权的障碍。

为了巩固明王朝的统治，朱元璋在明王朝建立后，从政治、经济、军事等许多方面做了一系列的整顿和改革，进一步强化了中央集权制度。

1376年，朱元璋废除了元代行省制度，在全国设置了十三个承宣布政使司，设布政使司、都指挥使司、提刑按察使司分管行政、军事和司法。这三个部门合称“三司”，统属中书省辖。

1380年，朱元璋又借胡惟庸谋反案，对中央机构进行进一步改革，废除了中书省和丞相一职，由六部分理政务，听命于皇帝，在政治上加强了中央集权。军事上，朱元璋改大都督府为五军督都府，在全国设立卫所制度，将军权也集中于上。在司法上，设立大理寺、都察院、刑部合称“三法司”，主管刑狱之事。通过这些改革，朱元璋集大权于一身，有利于明初政治的统一和政权的巩固。

在经济上，朱元璋鉴于元末农民起义的教训，制定了休养生息的政策，积极推行恢复和发展生产的有利措施。他多次减免各地的赋税，大力推行垦荒、屯田的政策，并规定三年免征赋税。这些都大大推进了经济恢复的步伐。

此外，朱元璋还十分注意水利工程的整治和兴修。明初共修陂渠、堤岸五千多处，疏浚河道四千一百多条，开掘堰塘四万零九百多处。在朱元璋统治时期，明政权吏治也较为清明，这与朱元璋大力打击贪官污吏、土豪劣绅是分不开的。据洪武二十六年的统计数字，明初全国户数增长近十倍，耕地面积扩大四倍；农业、手工业、商业都有较快发展。

朱元璋是我国封建社会中不多见的杰出君主。他一生勤于政事，事必躬亲。1398年闰五月，朱元璋逝世于南京，享年七十一岁。朱元璋是杰出的政治家，他建立了明王朝，为我国多民族统一大家庭的发展做出了卓越的贡献。但是他为巩固统治，滥杀无辜，屡兴大狱，先后诛杀数万人，许多功臣勋将、文人墨客惨死在他的屠刀之下。这是极不可取的，也是必须批判的。

郑和下西洋

郑和(1371—1435年),字三宝,是我国明代著名的航海家和外交家。郑和本姓马,回族。其先世是西域人,元代始迁居云南昆阳州。因郑和出生在昆阳州宝山乡和代村,故名和,小字三。郑和的祖父和父亲都是虔诚的伊斯兰教徒,有着渊博的知识。这些给予郑和很大影响。

郑和因在“靖难之役”的战争中“出入战阵”、多建奇功而被赐姓郑。不久,他又被提升为内宫监太监,管理营造宫室、陵墓、铜锡妆奁(lián)、器具和冰窖等事。1404年,郑和在著名和尚道衍的影响下接受菩萨戒,成了佛门弟子,法名福善。佛教以佛、法、僧为三宝,故而人们又称郑和为“三宝太监”。

1405年,明成祖朱棣任命郑和为钦差总兵太监出使西洋,由此揭开了世界航海史上的伟大篇章。

明成祖这次派使臣出使西洋是以政治、经济为目的。在这两个目的中,政治是主要的。郑和下西洋是一场政治意义比经济意义更大的活动。

1405年6月,三十四岁的郑和率领钦差正使太监七员、副使监丞十名、少监十名、官兵二万七千多人,分乘六十二艘宝船,从苏州刘家港出发,经长江进入东海,到福建暂停;待信风起,船队穿越台湾海峡进入南海,驶往西洋各国。

郑和下西洋所率领的船只,按其用途分别叫宝船、马船、粮船、坐船、战船。最大的宝船长四十四丈、宽十八丈,司载货千吨,乘数百人。

最小的战船长也有十八丈、宽六点八丈。这体现了明代时我国发达的造船技术。下西洋的船队满载着绸缎、绢丝、布匹、瓷器、书籍、金银、铁器等物品，浩浩荡荡地破浪前进。

郑和七次出使西洋揭开了世界大航海时代的序幕，是中国拥抱外部世界的象征。郑和以多元宗教文化为先导，打通东南亚海上丝绸之路的实践，将中国的航海事业铭刻在世界航海史的里程碑上。

郑和的第一次下西洋先后经历了占城、爪哇、苏门答腊、南巫里、古里、锡兰等国，于1407年，乘西南信风返航，6月回到首都南京。郑和下西洋加强了中国和西洋各国间的友好关系，增进了各国人民间的友谊和了解。第一次出使西洋以后，郑和又分别于1407年10月、1409年10月、1413年11月、1417年6月、1421年10月、1431年1月六次出使西洋各国。从1405年第一次出使到第七次结束的1433年，二十九年间郑和共七次率船队出使西洋。他率船队先后到达了占城、爪哇、真腊、旧港、暹(xiān)罗(今泰国)、古里、满剌(lá)加、渤尼、阿鲁、柯枝、西洋琐里、锡兰、忽鲁谟斯、比剌、木骨都束、竹步、榜葛剌、天方等三十多个国家和地区。

在所到之地，郑和与他的船队将中国人民的友好愿望带给亚非各国人民，同时也进行平等的贸易交往。随着贸易的往来，经济、文化和科学技术方面的交流逐渐增多。这些交流促进了彼此间社会政治、经济、文化的发展，也增进了互相之间的了解和友谊。郑和船队所到各地都受到了热情的欢迎，人们把他们看作是智慧和文明的化身、友谊的使者。在郑和访问之后，各国都先后派出使者来到中国访问、贸易。郑和不愧是我国历史上杰出的外交家。

在时间上做详细对比，突出郑和下西洋在世界航海史上遥遥领先的地位，反映了大明王朝的经济、科技之强盛。

郑和下西洋不仅是明代对外关系史上的一件大事，在世界航海史上也占有重要地位。意大利航海家哥伦布和葡萄牙航海家达伽马开辟新航路是在十五世纪末和十六世纪初，而郑和下西洋、横渡印度洋直抵东非海岸则是在十五世纪初。郑和下西洋比哥伦布发现新大陆早八十七年，比迪亚士发现好望角早八十三年，比达伽马到达印度早九十三年，比麦哲伦到菲律宾早一百一十六年。可以说郑和是历史上最早、最伟大、最有成就的航海家。中国人民创造的这一光辉业绩，使中华民族的声望远播于海外，曾激发起中国人民强烈的爱国热情和民族自豪感。

由后人所绘制的《郑和航海图》记载了郑和与他的船队所到的国家和城市所经历的航线，这是我国最早的一份远洋航海地图。陪同郑和出使的马欢、费信、巩珍等人所撰写的《瀛(yíng)涯胜览》《星槎[chá]胜览》《西洋番国志》是研究十五世纪西洋各国的重要文献资料。这些书对于中国人民认识海外亚非国家起了划时代的作用。

另外，郑和下西洋还多次到达台湾，加强了祖国大陆与台湾岛之间的密切联系。郑和下西洋将中国发达的农业和手工业，如先进的农具和农业技术，以及纺织、制瓷等工艺传播到各国。所以人们也称郑和下西洋开辟了第二条丝绸之路——海上丝绸之路。

对外而言，郑和率领的船队虽然是一支庞大的海军舰队，但从没有用于侵略扩张，而是用于传播友谊、实现和平的目的。

但是我们也应指出，郑和下西洋的根本目的是为了满足明统治阶级奢侈生活和巩固统治的需要。因此，随着明王朝国力的减弱，下西洋也就终止了。郑和下西洋的壮举是中华民族的骄傲，早在明代就被以话本、戏剧、小说等形式在民间广为流传。西洋各国人民也在郑和等人到过的地方建立许多纪念设施，如三宝井、三宝庙、三宝寺等，用来表达他们的崇敬和怀念之情。

1425年，郑和受命为南京守备太监，统领下西洋官兵守备南京。1435年，他完成最后一次出使使命，两年以后，在南京逝世，终年六十五岁。

戚继光抗击倭寇

明世宗的时候，有一批日本的海盗经常在我国东南沿海一带骚扰。他们和中国的土豪、奸商勾结，到处抢掠财物，杀害百姓，闹得沿海不得安宁。历史上把这种海盗叫作“倭(wō)寇”。

1553年，在汉奸汪直、徐海的勾结下，倭寇集结了几百艘海船，在浙江、江苏沿海登陆，分成许多小股，抢掠了几十个城市。沿海的官吏和兵士不敢抵抗，见了倭寇就狼狈逃窜。

倭寇侵略越来越严重，使躲在深宫里的明世宗也不得不发愁了，他叫严嵩想法子对付。严嵩的同党赵文华想出一个主意，说要解决倭寇侵犯，只有向东海祷告，求海神爷保佑。明世宗居然相信赵文华的鬼话，叫他到浙江去祷告海神。

明世宗(即嘉靖皇帝朱厚熜)把解决倭寇侵犯寄希望于神灵保佑的可笑想法，体现了他的昏庸无能。

后来，朝廷派了个熟悉沿海防务的老将俞大猷(yóu)去抵抗。俞大猷一到浙江，就打了几个胜仗。但是不久，浙江总督张经被赵文华陷害，俞大猷也被牵连关进了大牢。沿海的防务没人指挥，倭寇的活动又猖獗起来。直到朝廷把山东的将领戚继光调到浙江，才扭转了这个局面。

戚继光是我国历史上著名的民族英雄。他是山东蓬莱人。其父亲景通是一个十分正直廉明的人，从小戚继光就深受父亲的影响。父亲去世后，戚继光承袭了登州指挥佥(qiān)事的军职。他到了浙江，先检阅那儿的军队，发现那些军队纪律松散，根本不能够打仗，就决心另外招募新军。他一发出招兵命令，马上有一批吃够倭寇苦头的农民、矿工自愿参军，还有一些愿意抗倭的地主武装也参加了进来。戚继光组织的新军很快发展到四千人。

戚继光是个精通兵法的将领，懂得兵士不经过严格训练是不能上阵的。他根据南方沼泽地区的特点，研究了阵法，亲自教兵士使用各种长短武器。经过他严格训练，这支新军的战斗力特别强。“戚家军”的名气就远近传开了。

“戚家军”并非徒有虚名，而是在高明的将领的严格训练下，打造出的一支军事过硬的队伍。

过了几年，倭寇又袭击台州一带，戚继光率领新军赶到台州。倭寇在哪里骚扰，他们就打到哪里。那些乱七八糟的海盗队伍，哪儿是戚家军的对手，交锋了九次，戚家军每次都取得胜利。最后，倭寇在陆地上待不住，被迫逃到海船上，戚继光又用大炮轰击。倭寇的船起了火，大批倭兵被烧死或掉到海里淹死，留在岸上的也只得乖乖投降。

养兵千日，用兵一时。戚家军的神勇名不虚传，台州人民的生命财产在戚家军的强力守护下得以保全。

倭寇见到浙江防守严密，不敢再侵犯。第二年，他们又到福建沿海骚扰。一路倭寇从温州往南，占据了宁德；另一路倭寇从广东往北，盘踞(jù)在牛田。两路倭贼互相声援，声势很大。福州的守将抵挡不了，向朝廷告急。朝廷又派戚继光援救。戚继光带了新军赶到宁德，打听到敌人的巢穴在宁德城十里外的横屿岛。那儿四面是水，地形险要。倭寇在那儿扎了大营盘踞，当地明军也不敢去攻打他们。

戚继光亲自调查了横屿岛的地形，知道那条水道根据特殊地形，制定出实际可行、出人意料的作战方案，成功地奇袭倭寇大营，这一仗赢得痛快，赢得彻底。

既不宽，又不深。当天晚上潮落的时候，戚继光命令兵士每人随身带一捆干草，到了横屿岛对岸，把干草扔在水里。几千捆干草扔在一起，居然铺出了一条路来。戚家军兵士踏着干草铺成的路，神不知鬼不觉地插进倭寇大营。经过一场激烈战斗，盘踞在岛上的两千多倭寇全部被歼灭。

戚家军攻下横屿岛，立刻又进兵牛田。到了牛田附近，戚继光传出命令，说："远路进军，人马疲劳，先就地休整再说。"

这些话很快传到敌人那里。牛田的倭寇真的相信了戚家军暂时停止进攻的消息，防备也就松懈下来。就在当天晚上，戚继光下令向牛田发起总攻击。倭寇毫无准备，仓促应战，禁不住戚家军猛攻猛冲，纷纷败退。倭寇头目率领残兵逃到兴化，戚家军又连夜跟踪追击，一连攻下了敌人六十多个营寨，消灭了溃逃的敌人。到天色发白的时候，戚家军已经进了兴化城。城里的百姓这才知道附近的倭寇已被戚家军消灭，大家兴高采烈，纷纷杀牛带酒，到军营来慰劳。

戚继光智勇双全，用兵灵活，善于麻痹敌人，然后声东击西，趁敌不备一举击溃，取得辉煌战绩，大快人心。

第二年，倭寇又侵犯福建，攻下兴化。这时候，俞大猷已经复职。朝廷派俞大猷为福建总兵，戚继光为副总兵。两个抗倭名将一起，大败倭寇，收复兴化。1565年，俞、戚两军再次配合，大败倭寇。至此，横行几十年的倭寇被基本肃清了。

1567年，穆宗继位，礼部尚书、武英殿大学士张居正参赞军务。为加强北方边防，他奏请皇帝任命戚继光为京师神机营副将。转年夏天，戚继光又奉命总理蓟州、昌平、保定军务。张居正去世以后，戚继光因受到过张居正赏识、朝廷重用，遭到反对派反对，被调去镇守广东。三年后，他告老还乡，回到山东。1588年，戚继光病逝。

徐霞客远游探险

当明王朝闹得乌烟瘴气的时候，在江阴有个青年，不满朝政腐败，不愿应科举考试、谋求做官，却立志游历祖国的名山大川，探索自然的奥秘。他就是我国历史上杰出的地理学家徐霞客。

徐霞客名叫徐弘祖，霞客是他的别号。他从小爱读历史、地理一类的书籍、图册。在私塾读书的时候，老师督促他读儒家经书，他往往背着老师，把地理书放在经书下面偷看，看到出神的时候，禁不住眉飞色舞。

在当时，历史、地理和探讨大自然等方面的书籍被视为不正规的闲书、奇书，徐霞客仍忍不住背着老师偷看，表明他的淡泊名利和对大自然发自内心的喜爱。

十几岁那年，他的父亲死去，他决心亲自到名山大川去游历考察一番。但是他想到母亲年纪老了，家里没人照顾，没敢提这件事。

他的心事毕竟被母亲觉察到了。当母亲了解到他有这样的愿望，跟他说："男儿志在四方，哪能为了我留在家里，做篱笆下的小鸡、马圈里的小马呢！"母亲为他准备行装，还给他缝制了一顶远游冠。有了母亲的热情支持，徐霞客远游的决心更坚定了。

母亲的话表现出她对徐霞客的理解和支持，母亲的支持是徐霞客决定远游探险的重要原因。

徐霞客在他二十二岁那年，开始离家外出游历。他先后游历了太湖、洞庭山、天台山、雁荡山、泰山、武夷山和北方的五台山、恒山等名山。每次游历回家，他跟亲友谈起各地的奇风异俗和游历中的惊险情景，别人都吓得说不出话来，他母亲却听得津津有味。

后来，老母亲死了，徐霞客就把他的全部精力扑在游历考察的事业上。在他五十岁那年，他开始了一次路程漫长的旅行。他花了整整四年时间，游历了湖南、广西、贵州、云南四省，一直到我国边境腾冲。他跋山涉水，到过许多人迹不到的地方，攀登悬崖峭壁，考察奇峰异洞。有一次他在腾越经过一座高耸的山峰，发现悬崖上有一个岩洞，根本没路可通。他冒着生命危险，像猿猴一样爬上了悬崖，终于到达了洞口。

动作描写，表现了徐霞客不畏艰险的精神。

又有一次，他在湖南茶陵，听说当地有个麻叶洞，洞里有神龙或者精怪，不是有法术的人，都不敢进洞。徐霞客不信神怪，他出了高价雇个当地人当向导，进洞考察。正要进洞的时候，向导问他是什么人，当他知道徐霞客是个普通读书人的时候，向导吓得直往后退，说："我以为您是什么法师，才敢跟您一起进洞，原来是个读书人，我才不冒这个险呢。"

对向导的神态和语言描写，反衬出徐霞客勇于冒险的无畏精神。

徐霞客并不罢休，带着他的仆人举起火把进洞。村里的百姓听到有人进洞，都拥到洞口来看热闹。徐霞客在洞里考察了很久，一直到火把快烧完才出来。围在洞口的百姓看他们安全出洞，都十分惊奇，说："我们等了好久，以为你们一定给妖精吃了呢。"

徐霞客漫游西南的时候，除了随身的一个仆人外，还有一个名叫静闻的和尚和他们做伴。有一次，他们在湘江乘船的时候，遇到了强盗，他们的行李财物被抢劫一空，静闻和尚因为受伤，在半路上死去。到最后，连他随身的仆人也离开他逃走了。但是这些挫折都没有动摇他探索自然的决心。

种种挫折都没有动摇徐霞客考察的决心，表现出他追求真知的冒险精神和探索精神。

徐霞客在旅途中，每天晚上休息之前，都要把当天见到的、听到的详细记录下来，即使在荒山野林里露宿的日子，他也总是在篝火旁，伏在包袱上坚持写日记。

公元1641年徐霞客去世后，留下了大量日记，这实际上是他的地理考察记录。经过他的实地考察，纠正了过去地理书上记载的错误，发现了过去没人记载过的地理现象。像古代地理书上说岷江是长江的上游，徐霞客经过考察，弄清楚长江上游不是岷江而是金沙江；又如他在云南腾冲打鹰山考察的时候，发现了那里曾经有火山爆发的遗迹；他在游历中考察最多的是岩溶现象，在桂林七星岩，他对那里千姿百态的石钟乳、石笋、石乳等地形，进行了详细的记载。这是世界上最早研究岩溶现象的记录。后来，人们把他的日记编成《徐霞客游记》。这部书不但是我国古代地理学上的宝贵文献，还称得上是一部优秀的文学著作呢！

三个举例：长江上游是金沙江、云南腾冲山爆发的遗迹、岩溶现象。例证以小见大，表现了徐霞客对我国古代地理学研究做出的巨大贡献。

阅读理解三

1.雕版印刷术和火药对人类事业产生了哪些影响?

2.王安石变法为什么失败了?

3.司马光为什么要编写《资治通鉴》?

4.成吉思汗有哪些精神值得我们学习?

5.明太祖朱元璋为加强中央集权采取了哪些措施?

6. 什么是“红巾军”? 请对红巾军北伐进行评价。

7.郑和下西洋是在哪个皇帝在位期间进行的壮举? 郑和及其船队远航的目的是什么?

8.郑和的船队在哪两大洋中穿行? 郑和下西洋有哪些伟大的意义?

闯王李自成

明末政治十分腐败，官僚们朋比为奸、贪污受贿，百姓的生活极其困苦。崇祯帝即位的第二年，1628年，陕西闹了一场大饥荒。老百姓没粮吃，连草根树皮也掘光了，只好吃一种叫“观音土”的泥土，吃了这种东西，腹部膨胀下坠，不几天人就死了。这样饿死的人遍布村镇街道。但是在这种情况下，朝廷不但不赈（zhèn）灾，反而变本加厉地征收钱粮。一些地方官吏照样催租逼税，叫老百姓没法忍受下去。陕西各地爆发了农民起义。

李自成是陕西米脂人，出生在一个农民家庭，少年时候，就喜欢骑马射箭，练得一身好武艺。后来，李自成的父亲死了，家境穷困，李自成到银川驿站里去当马夫。他待人热情，驿卒们也挺爱戴他。李自成的家一向担负代官府收租税的差使。米脂连年收成不好，农民拿不出租税。当地有个姓艾的大地主，乘机放高利贷，想在农民身上盘剥。李自成看大家交不起租税，就自己一个人借了债把税交了。过了一段时间，姓艾的地主逼李自成还债，李自成还不起，姓艾的就唆使官府把他抓起来打得半死，还锁上镣铐，把他放在太阳底下晒，不让吃东西。百姓和驿卒向县官恳求

可以看出李自成是个仗义、有担当的人，他的贫苦出身，使他同情农民，愿意不顾一切地去帮助农民。而他的这种做法，又触犯地主的利益。

把李自成放在树荫下，让他吃点东西，县官也不答应。这一下把群众激怒了，大家一哄而上，砸开李自成身上的镣铐，带着李自成一起逃出米脂，到甘肃当了兵。

这年冬天，明王朝从甘肃调了一支军队到北京去。这支军队开到金县，兵士们领不到饷，要闹到县衙门去。带兵的将官出来弹压，李自成气愤地站出来，带领兵士们把将官和县官杀了。李自成带着几十个兵士一起投奔王左挂领导的农民军，当了一名头领。

明王朝派出的总督杨鹤看到起义军越来越多，十分害怕。他一面派兵镇压，一面采用高官厚禄招降农民军将领。王左挂禁不住诱惑，动摇投降了。李自成不得不另找队伍。后来，他打听到高迎祥领导了一支队伍起义，自称“闯王”，就决心投奔高迎祥。

> 李自成反抗官府的决心是坚定的，他没有因为王左挂投降官府而丧失斗志，而是愈挫愈勇，追随更大的反明队伍。

高迎祥听到李自成带兵来投奔，十分高兴，马上叫他担任一个队的将官，大家把他叫作闯将。高迎祥和别的起义军联合起来，转战山西、河北等五个省，声势越来越大。官军到处围剿，遭到失败。最后，崇祯帝恼羞成怒，调动了各省官军，想把各路起义军全部包围，一口吃掉。为了对付官军围剿，高迎祥约了十三家起义军的大小头领在荥[xíng]阳开会，商量对策。

荥阳大会上，大家议论纷纷。有的认为敌人兵力太强，不如打回陕西老家避一避再说；也有的不同意，但是也拿不出更好的主意。这时候，李自成站了起来，说：“一个兵士肯拼命，也能奋战一下；我们有十万大军，敌人能拿我们怎么样？”

高迎祥赞许地说：“依你的意思，该怎么办？”李自成提出自己的主张。他认为起义军应该分成几路，分头出击，打破敌人的围剿。大家听了，都觉得李自成说得有理。经过一番商量，十三家起义军分成六路，有的拖住敌军，有的流动作战。高迎祥、李自成和另

> 李自成有勇有谋，他的反围剿策略很高明，分头出击既可以分散敌人兵力，也可以相对减少自己的伤亡。官军剿灭起义军心切，分散兵力后必使前后不能照应，增加了围剿的难度。

一支由张献忠领导的起义军向东打出包围圈，直取江淮地区的凤阳。

凤阳是明太祖朱元璋的老家。明太祖死后，那里成为明朝的中都。农民军出击凤阳，就是要打击明王朝的气焰。高迎祥、张献忠领导的起义军一路进军，势如破竹，不到十天，就打下了凤阳，把明朝皇帝的祖坟和朱元璋做过和尚的皇觉寺一把火烧了。这一招儿真的震动了明王朝朝廷，崇祯帝听到这消息，又急又气，下令把凤阳巡抚处死。

明末起义军烧了明朝的龙穴，给明朝以极大的震动，而明朝一时无法对付起义军，只有处死替罪羊。等到时机成熟，明朝就会狠狠地打击起义军。

高迎祥和李自成又带兵回到陕西，来回打击官军，让明朝的官员手忙脚乱，狼狈不堪。崇祯帝和地方大臣都把高迎祥的队伍看成眼中钉，千方百计要消灭他们。有一次，高迎祥带兵进攻西安。陕西巡抚孙传庭在山谷里埋下伏兵拦击。高迎祥没有防备，经过一场激战，被捕牺牲。

李自成带领留下的队伍杀了出来。将士们失去了主帅，心里十分沉痛。大伙认为闯将李自成是高迎祥最信任的将领，加上他武艺高强，打仗勇敢，就拥戴他接替高迎祥，做了闯王。打那以后，李闯王的名声就在远近传开了。

李闯王的威名越高，越引起明王朝的害怕和仇恨。崇祯帝命令总督洪承畴、巡抚孙传庭专门围剿李自成。李自成的处境越来越困难，但是因为起义军将士的英勇作战和李自成的足智多谋，多次冲破官军的包围圈，活跃在四川、甘肃、陕西一带，打击着官军。

李自成现在处于四面楚歌的境地，但他生命力顽强，始终是明王朝一个巨大的威胁，随时可能摧毁明王朝的统治。

在这个困难的时刻，另两支起义军的首领张献忠、罗汝才都接受明朝招降，李自成手下的将领也有人叛变。这使李自成的处境增添了困难。

1638 年，李自成从甘肃转移到陕西，准备打出潼关去。洪承畴、孙传庭事先探听到起义军的动向，在潼关附近的崇山峻岭中，布置了三道埋伏线，故意让开通向潼关的大路，引诱李自成进入他们的包围圈。李自成中了敌人的计。当他带领起义军浩浩荡荡开到靠近潼关的山谷地带的时候，两面高山里杀出了大批明军。他们依仗人多和地势有利，向起义军发起一次次冲击。起义军经过几天几夜的搏斗，几万名战士在战斗中牺牲，队伍被打散了。李自成和他的部将刘宗敏等十七个人打退了大批敌人，才冲出重重包围。他们翻山越岭，克服了重重困难，到了陕西东南的商洛山区，隐蔽起来。明军占领了潼关，派出大批侦骑，搜捕李自成，搜了几个月，毫无音信。后来听有人传说，李自成在战斗中受了重伤，已经死去，明军才放松了搜捕。

这个传说使李自成得到稍稍喘息的机会，保存了最后一点实力，进而养精蓄锐，再对明王朝进行有力的反击。明军这次放松搜捕，最终为明王朝留下了一个巨大的遗憾。

1639年5月，张献忠又在谷城重新举兵反明。李自成也重新举起“闯王”大旗。他们打土豪、动官府，活跃在陕、鄂、川边境。

1640年12月，李自成率领起义军进入河南。当时河南连年遭旱、蝗、瘟疫灾害，赤地千里，出现父食子、夫食妻的惨象。李自成一进入河南，饥民从者数万。同时，杞县举人李岩、卢氏举人牛金星、卜者宋献策等一大批文士也先后相投而来，从而形成了起义军的智囊团。不久，李自成在李岩的帮助下提出“均田免粮”的斗争纲领，受到广大农民的热烈欢迎。一时间，到处传唱着“吃他娘，穿他娘，吃穿不尽有闯王，不当差，不纳粮”和“杀牛羊，备酒浆，开了城门迎闯王，闯王来时不纳粮”的歌谣。

农民根据闯王的斗争纲领编唱的歌谣通俗易懂，朗朗上口，易诵易背。歌谣的传唱既是广大农民喜闻乐见的，也夯实了闯王的群众基础，扩大了闯王的政治影响。

1641年1月，李自成起义军攻破洛阳，抓获福王朱常洵。起义军在城中置酒召开庆功会，将福王烹熟，杂以鹿肉，借以佐酒，名为“福禄酒”，然后发其粮食和金银财物，赈济百姓。群众笑逐颜开，踊跃参军，队伍迅速发展到一百多万人。2月，李自成率军攻打开封。双方相持七昼夜，开封急攻难下。李自成遂移师过密县，攻陷登封。数月间，攻占河南许多州县。

1641年12月，李自成第二次围攻开封，游战二十余日，城防指日可破。李自成得知左良玉偷袭农民军粮草所在地的临颍，于是南下围攻左良玉于郾（yǎn）城，明陕西总督汪乔年率数万人攻打襄城，欲解郾城之围。李自成又率军攻打襄城，全歼敌军，活捉汪乔年，当众处决。1642年5月，李自成第三次攻打开封。河南巡抚高名衡负隅顽抗，李自成吸取前两次的教训，采用围而不攻，使其坐困自危。6月，李自成在朱仙镇打败支援开封的敌军督师丁启睿、总督杨文岳和左良玉、虎大威等部明军十余万。此时，高名衡丧心病狂地在朱家寨扒开黄河大堤。洪水冲毁城郭，破门入城，古城开封顿时成为一片汪洋。攻城已失去意义，于是李自成率军南下。

崇祯十七年（1644年），李自成以西安为京城，建立了“大顺”政权。然后，挥师直进山西，而后兵分两路，分进合击，包围了北京城。3月18日，李自成发布了攻城令。义军从三面环攻，战斗进行得十分激烈，城郊百姓冒着生命危险帮助义军填塞壕沟。这时，忽然电闪雷鸣，狂风大作，加上义军全身穿黄衣，从远处望去，犹如黄云蔽野。官军吓得魂惊胆丧，全无斗志。傍晚，义军攻下了彰义门，接着各门相继被攻破，北京城内杀声震天。崇祯皇帝在绝望之中跑到景山，吊死在一棵树上。明王朝就此灭亡了。

闯王的土地政策深得百姓拥护，这种拥护表现在关键时刻的实际行动上。可见“大顺”政权是建立在坚实的群众基础上的。

3月19日清晨，百姓夹道欢迎义军进城。闯王进京，标志着农民起义军的胜利和残暴不仁的明王朝的灭亡，具有十分重要的历史意义。

吴三桂引清兵入关

大顺起义军攻破北京后，大将刘宗敏首先率领队伍进城，接着，大顺王李自成头戴笠帽，身穿青布衣，跨着骏马，随大军缓缓地进了紫禁城。北京的百姓像过节一样，锣鼓喧天、张灯结彩地欢迎起义军。

如果不出意外，大顺政权是可以在北京站稳脚跟，进而长治久安下去的。但如果严惩过度，绥靖缺失的话，也随时会生发一些不安定的因素。

进入北京以后，大顺政权一面出榜安民，叫大家安居乐业；一面严惩明王朝的皇亲国戚、贪官污吏。李自成派刘宗敏和李过，勒令那些权贵交出平时从百姓身上搜刮来的赃款，充当起义军的军饷，拒绝交付的统统处以重刑。少数民愤非常大的皇亲国戚被起义军抓起来杀头。

有个明朝的大官僚吴襄，也被刘宗敏带人抄了家产，并且逮捕起来进行追赃。这时，有人告诉李自成说，吴襄的儿子吴三桂是明朝的山海关总兵，手下还有几十万大军。如果把吴三桂招降了，也算是解除了大顺政权一个极大的威胁。

李自成觉得这个主意很有道理，于是就叫吴襄给他儿子吴三桂写信，劝说他向起义军投降。吴三桂原来是明朝派到关外抗清的，带兵驻扎在宁远一带防守。起义军逼近北京的时候，崇祯帝接连下命令要吴三桂迅速带兵进关，保卫京都，对付起义军。吴三桂急忙赶到山海关，可是北京已被起义军攻破。过了几天，吴三桂收到吴襄的劝降信，他犹豫起来：向起义军投降吧，当然是他不愿意的；要不投降吧，起义军勇猛善战，兵力强大，自己不是他们的对手；再说，北京城里还有他的家属财产，也舍不得丢掉不管，既然李自成来招降，那就不如到北京去看看情况再说。

吴三桂带兵到了滦(luán)州，离北京越来越近，遇到一些从北京逃出来的人。吴三桂找来一问，开始，听说他父亲吴襄已经被起义军抓了起来，家产被抄后，他已经恨得咬牙切齿；接着，又听说他最宠爱的歌姬陈圆圆也被起义军抓走，更是怒气冲天，立刻下令军队全部退回山海关，并且要将士们一律换上白盔白甲，说是要给死去的崇祯帝报仇雪恨，并准备把起义军赶出北京。

李自成得知吴三桂拒绝投降，就决定亲自带二十多万大军，进攻山海关。吴三桂本来就害怕农民军，一听到这消息，他更是吓得灵魂出窍。此时，他也顾不了什么民族气节，匆匆写了一封求援信，派人飞马出关，请求清朝出兵帮助他镇压起义军。

一开始，吴三桂很牵挂北京的家属财产，还有所顾忌名节。但在起义军毫不留情的打压下，吴三桂被逼得狗急跳墙了，彻底抛弃了名节，只顾报仇雪恨了。

明朝虽然灭亡了，但斗争并没有停止。崇祯临死前留下遗言，命朝中文武继续与大顺军为敌，歼灭逆贼。这样，一些别有用心的人混进了起义队伍。农民起义的领导者以为明朝覆灭，从此天下就太平了，包括李自成在内也难免产生骄傲和轻敌情绪。这时候，雄踞在东北的满族贵族，对关内早已垂涎三尺，皇太极死后，顺治登基，睿亲王多尔衮摄政，他们积极准备入关夺取全国统治权。

清朝辅政的亲王多尔衮接到吴三桂的求救信，觉得入关夺取政权的机会来到，立刻回信同意出兵助他一臂之力。接着，他亲自带着十几万清兵，日夜不停地向山海关进兵。

吴三桂走到这一步，与起义军对付他的策略失误有绝大关系，他与多尔衮强强联合，起义军危矣。多尔衮心中有何图谋，我们现在还不得而知，暂且拭目以待。

清军到了山海关下，吴三桂已经迫不及待地带着五百个亲兵出关迎接多尔衮。他见了多尔衮，卑躬屈膝地哀求多尔衮帮他报仇。多尔衮心中另有图谋，也就自然顺水推舟地答应。吴三桂把多尔衮请进关里，大摆酒宴，杀了白马乌牛，祭拜天地，又与多尔衮订立了同盟。

李自成大军从南面开到山海关边。二十多万起义军，依山靠海，摆开浩浩荡荡的一字阵，一眼望不到边。老奸巨猾的多尔衮从山海关城头望见起义军阵容整齐坚固，料想不容易对付，于是就让吴三桂打先锋，叫清军埋伏起来，自己和几名清将远远躲在后面的山头观战。

战斗开始了，李自成披挂整齐，骑着马登上西山指挥作战。吴三桂带兵一出城，起义军的左右两翼就进行合围包抄，把吴三桂和他的队伍团团围住。明兵东窜西突，可是总也冲不出重围；起义军个个英勇善战，喊杀声震天动地。

突然起了沙尘暴，使多尔衮偷袭拥有了气候条件，起义军形势危殆。阵脚一乱，士兵的战斗力就急剧下降。军心一乱，溃不成军，闯王现在应该要对清兵高度警惕。

正在双方激烈战斗的时候，不料海边一阵狂风，把地面上的尘沙刮起，霎时，天昏地暗，对面见不到人。多尔衮看准这个时机，命令埋伏在阵后的几万清兵一起出动，向起义军突然袭击。起义军毫无防备，也弄不清是哪儿来这么多敌人，心里一慌张，阵势也就乱了。直到风定下来，天色转晴，才看清楚对手是留着辫子的清兵。清军的参战使大顺军措手不及。农民军已连续奔波数日，再加上一天的激战，元气伤了不少。多尔衮挑选的都是些精兵强将，他们突然从吴三桂军队的右翼进攻，打击闯王的中坚力量。一时间，万马奔腾，飞箭像雨点般落地。农民军战败溃逃。混乱中，马匹自相践踏致死的人不计其数，尸体遍地，血流成河。

李自成在西山上发现清兵已经进关，想下令军队稳住阵脚，指挥抵抗，可是已经来不及了，只好传令后撤。多尔衮和吴三桂的队伍乘势里外夹击，起义军遭受惨重失败。李自成带领将士边战边退。李自成回北京后，下令杀了吴襄。他并没有加紧防御，反而在皇宫大殿里举行即位典礼，接受官员的朝拜。当清军大举进攻北京时，李自成就率领起义军，离开北京，向西安撤退。

李自成的小农思想暴露无遗，极度膨胀的心理必会导致栽跟头。他的可悲之处就在于没有及时地总结和反思，使曾经的艰苦卓绝化为一江流水。

李自成离开北京的第三天，多尔衮带领清兵，耀武扬威地开进北京城。吴三桂因打击农民起义军有功，被封为平西王。1644年10月，多尔衮把顺治帝从沈阳接到北京，把北京作为清朝国都。从此，清王朝就开始在中国建立了它的统治。第二年，清朝分兵两路攻打西安。一路由阿济格和吴三桂、尚可喜率领，一路由多铎和孔有德率领。李自成率领农民军在潼关抗击清军，经过激烈战斗，终于被迫放弃西安，向襄阳转移。过了几个月，农民军在湖北通山县九宫山，遭到当地地主武装的突然袭击，李自成战败牺牲，时年三十九岁。

李自成的悲惨结局，印证了一句老话“其兴也勃焉，其亡也忽焉”。李自成的均田政策严重侵害了地主阶级的利益，地主自然对他怀恨在心，他遭到地主的突袭也是在情理之中的。

李自成退出北京后，张献忠在四川称帝，国号大西，带领队伍继续抗击清军。1647年，清军长驱直入，逼进四川，张献忠在川北西充的凤凰山的一场战斗中，中箭死去。就这样，明朝末年的两支主要的农民起义军都先后失败了。

郑成功收复台湾

郑成功的先世原来居住河南荥阳，在西晋永嘉时始迁至福建，在福建泉州南安县石井乡定居。郑成功的祖父是个一生不得志的读书人，父亲郑芝龙从小不喜读书，年轻的时候因故弃家出走，在海上从事走私经商活动。明天启二年，郑芝龙在日本长崎平户娶寡妇田川氏为妻。1624年8月27日，郑成功出生在日本，取名福松。

在郑成功出生前后，父亲郑芝龙就从一个走私商人变成一个势力很大的海盗集团首领，经常出没在中国东南沿海和日本及东南亚各国之间从事走私贸易，数年间积聚了巨亿家私。

1628年，郑芝龙接受了明王朝的招抚，授职游击将军，后来官至总兵。隆武帝在福州建立政权之后，他手下的大臣黄道周是个真心抗清的人，一心想帮助隆武帝出师北伐。但是当时掌握兵权的郑芝龙，只想保存自己的实力，不愿出兵抗清。过了一年，清军进军福建的时候，派人向他劝降。郑芝龙贪图富贵，就抛弃了隆武帝，向清朝举手投降，隆武政权也灭亡了。

父子差别竟如此之大。郑芝龙轻易降清，其子郑成功坚决抗清，气节对比鲜明。

郑成功当时是个才二十二岁的青年将领。郑芝龙投降清朝的时候，郑成功苦苦劝阻他父亲。后来，他眼见父亲执迷不悟，气愤之下，就单独跑到南澳岛，招募了几千人马，坚决地举起了抗清的大旗。清王朝知道郑成功是个能干的将才，几次三番派人诱降，都被郑成功严厉拒绝。清将又派他弟弟带了郑芝龙的信劝他投降，甚至以他父亲的性命相威胁，郑成功还是坚决不动摇，并写了一封回信，跟郑芝龙断绝了父子关系。

郑成功兵力渐渐发展得强大起来，在厦门建立了一支水师。1647年，桂王永历政权建立。郑成功改奉永历年号，被封为威远侯。从此，郑成功与西南的抗清将领李定国往来呼应，成为南方抗清斗争中的两大支柱。

郑成功在抗清斗争中十分注意根据地的建设。他改厦门为思明州，设立六官分理庶(shù)政，并将所部军队分为七十二镇。在郑成功起兵抗清的十几年中，曾先后九次南征、三次北伐。其兵锋所向，清军闻风丧胆。

抗清时间之长，出征次数之多，表现了郑成功抗清决心之大，军队战斗力之强。

1659年，为配合西南抗清斗争，郑成功再次北伐。他跟抗清将领张煌言联合起来，乘海船率领水军十七万人开进长江，分水陆两路进攻南京，一直打到南京城下。但是清军用假投降的手段欺骗他。郑成功中了清军的计，最后打了败仗，又退回厦门。郑成功回到厦门以后，清军已经占领福建大部分地方，他们用严密封锁的办法，要福建、广东沿海百姓后撤四十里，断绝对郑军的粮草供应，想困死郑成功。郑成功在那里招兵筹饷，都遇到困难，就决定向台湾发展。

清军的狡诈阴狠可见一斑。但他们没有想到这样一来却使郑成功绝处逢生。

台湾自古以来就是我国的领土。明朝末年，欧洲的荷兰人趁明王朝腐败无能，霸占了台湾的海岸，修建城堡，并向台湾人民勒索苛捐杂税。台湾人民不断小时候在台湾的经历，给了郑成功深远的影响，他同情台湾人民的生活遭遇，为他后来成功收复台湾打下了思想基础。

反抗，遭到了荷兰侵略军的残酷镇压。

郑成功少年时期就跟随他父亲到过台湾，亲眼看到台湾人民遭受的苦难，早就想收复台湾。这一回，他下决心赶走荷兰侵略军，就下命令要他的将士修造船只，收集粮草，准备渡海出战。恰好在这时候，荷兰人因郑成功禁止大陆船只到台湾去，而导致台湾日用品短缺，因而派在荷兰军队里当翻译的何廷斌，到厦门来求见郑成功，要求同大陆通商。何廷斌虽给荷兰人做事，却一心想把荷兰人赶走。他对郑成功说："台湾人民受侵略军欺侮压迫，早就想起来反抗了，只要大军一到，一定能够把敌人赶走。"何廷斌还送给郑成功一张台湾地图，把荷兰侵略军的军事布置等情况都详细地告诉了郑成功。郑成功有了这个可靠的情报，进攻台湾的信心就更足了。

1661年3月，郑成功要他儿子郑经带领一部分军队留守厦门，自已亲率二万五千名将士，分乘几百艘战船，浩浩荡荡从金门出发。他们冒着风浪，越过台湾海峡，在澎湖休整了几天，准备直接攻取台湾。有些将士听说西洋人的大炮非常厉害，有点害怕。郑成功把自己乘坐的战船排在前面，鼓励将士说："荷兰人的红毛火炮没什么可怕的，你们只要跟着我的船前进就可以了。"荷兰侵略军听说郑成功率大军要进攻台湾，十分惊慌。他们把军队集中在台湾和赤嵌两座城堡，还在港口沉了好多破船，想阻挡郑成功的船队登岸。

通过侦查敌情和地理情况，郑成功找出敌人破绽，在恰当的地点和时间进攻敌人，从而正确指挥，顺利取胜。

郑成功叫何廷斌给船队领航，利用海水涨潮的时机，驶进鹿耳门，登上台湾岛。鹿耳门港门狭窄，暗礁淤滩星罗棋布，水又很浅，大船很难通过，因此，荷兰人并未在此设防。郑成功因侦知地理、潮落情报，而赶在大潮时出人意料地通过了鹿耳门登陆。郑家兵从天而降，打了个荷兰人措手不及。荷兰军慌忙应战。郑成功指挥的郑家兵英勇善战，荷兰军节节败退。

台湾人民听到郑军来到，兴高采烈，纷纷成群结队推着小车，提水端茶，慰问迎接亲人。躲在城堡里的荷兰侵略军头目气急败坏地派了一百多个兵士向郑军冲来，郑成功一声号令，率兵士把敌军紧紧围住，杀了一个敌将，敌兵顿时吓得四下溃散了。

海上的郑军也取得了胜利。侵略军调动一艘最大的军舰“赫克托”号，张牙舞爪地开了过来，想要阻止郑军的船只继续登岸。郑成功沉着镇定，指挥他的六十艘战船把“赫克托”号团团围住。郑军的战船小，行动灵活。郑成功号令一下，六十多只战船一齐发炮，“赫克托”号被打中起了火。大火熊熊燃烧，把海面照得通红。“赫克托”号渐渐沉没下去，还有三艘荷兰船一看形势不妙，吓得掉头就逃。

双方激战，尽显郑成功大将之风。这一仗，侵略军遭到重创，嚣张气焰被郑军狠狠地打压下去。

荷兰侵略军遭到惨败，龟缩在两座城里不敢出来应战。他们一面偷偷派人到巴达维亚去搬救兵，一面派使者到郑军大营去求和，并许诺说只要郑军肯退出台湾，他们宁愿献上十万两白银表示慰劳。

郑成功扬起眉毛，威严地说：“台湾本来是中国的领土，我们收回这地方，是理所当然的事。你们如果赖着不走，我们就坚决地把你们从这里赶出去！”郑成功喝退荷兰使者之后，又下令派兵猛攻赤嵌。赤嵌的敌军负隅顽抗，一时攻不下来。有个当地人给郑军出了个主意：赤嵌城的水都是从城外高地流下来的，只要在上游切断水源，敌人就会不战自乱。郑成功照这个办法做了，不出三天，赤嵌的荷兰人果然乖乖地举手投降了。

战争中的水源补给至关重要，切断敌人水源就等于扼住了敌人的咽喉，再怎么强大也只能束手就擒。

盘踞台湾城的侵略军企图继续顽抗，等待救兵，准备做最后的挣扎。郑成功决定采取长期围困的办法逼他们投降。在围困八个月之后，郑成功下令向台湾城发起强攻。荷兰侵略军走投无路，只好扯起白旗投降。1662年年初，侵略军头目被迫到郑成功大营，在投降书上签了字，随后灰溜溜地离开了台湾。至此，荷兰殖民主义者侵占我国台湾长达三十八年(从1624年到1662年)的历史，宣告结束。郑成功收复台湾后，改赤嵌城为东都明京。设一府二县，以府为承天府，辖天兴、万年二县；又改台湾城为安平镇。从此，台湾建立起与大陆相同的行政机构。在经济上，郑成功积极鼓励发展生产，大力推行垦荒屯田，在很短的时间里使台湾的经济迅速发展起来。

郑成功收复、经营台湾有着巨大的历史意义。他使沦陷入荷兰殖民主义者之手长达几十年的宝岛重新回到中国人民的手中；使祖国的神圣领土免遭分裂，保障了国家的统一和领土完整；也促进了台湾各族人民与大陆人民的友好关系，促进了台湾政治、经济和文化事业的发展。

郑成功收复台湾的丰功伟绩彪炳史册，辉映海峡两岸，可惜他英年早逝，未能继续建设台湾，这是台湾乃至整个中华民族的巨大损失。

郑成功为收复台湾、建设台湾呕心沥血，积劳成疾，年仅三十九岁即病逝于台湾。为纪念这位民族英雄，台湾各族人民在全省建郑成功庙五六十座，其中延平郡王祠最为著名。

郑成功从荷兰侵略者手里收复了我国神圣领土台湾，成为我国历史上杰出的民族英雄，受到后人的颂扬。

1683年，清军进入台湾，郑成功后代归顺清朝。第二年，清政府设置“台湾府”，隶属福建省。

康熙帝平定三藩

南明最后一个政权灭亡的那年，顺治帝已经病死，他的儿子玄烨(yè)即位，这就是清圣祖，也叫康熙帝。

康熙帝即位的时候，年纪才八岁。按照顺治帝的遗诏，由四个满族大臣帮助他处理国家大事，叫作辅政大臣。四个辅政大臣中，有个叫鳌(áo)拜，仗着自己掌握兵权，又欺负康熙帝年幼，独断专横。别的大臣和他意见不合，就遭到排挤打击。

清王朝进关后，用强迫手段圈了农民大片土地，分给八旗贵族。鳌拜掌权以后，仗势扩大占地，还用差地强换别旗的好地，遭到地方官的反对。鳌拜诬陷这些官员大逆不道，把反对他的三名地方官处死了。

康熙帝满十四岁的时候，亲自执政。这时候，另一个辅政大臣苏克萨哈和鳌拜发生争执。鳌拜怀恨在心，勾结同党诬告苏克萨哈犯了大罪，奏请康熙帝把苏克萨哈处死。康熙帝不肯批准。鳌拜在朝堂上跟康熙帝争了起来，后来竟揎(xuān)起袖子，拔出拳头，大吵大嚷。康熙帝非常生气，但是一想鳌拜势力不小，只好暂时忍耐，由他把苏克萨哈杀了。

打那以后，康熙帝决心除掉鳌拜。他派人物色了一批十几岁的贵族子弟担任侍卫，这些少年个个长得健壮有力。康熙帝把他们留在身边，天天练摔跤。鳌拜进宫去，常常看到这些少年吵吵嚷嚷在御花园里摔跤，只当是孩子们闹着玩，一点不在意。

有一天，鳌拜接到康熙帝命令，要他单独进宫商量国事。鳌拜像平常一样大模大样进宫去。刚跨进内宫的门槛，忽然一群少年拥了上来，围住了鳌拜，有的拧胳膊，有的拖大腿。鳌拜虽然是武将出身，力气也大。可是这些少年人多，又都是练过摔跤的，鳌拜敌不过他们，一下子就被打翻在地。任凭他大声叫喊，也没有人搭救他。鳌拜被抓进大牢，康熙马上要大臣调查鳌拜的罪行。大臣们认为，鳌拜专横跋扈(hù)，滥杀无辜，罪行累累，应该处死。康熙从宽发落，把鳌拜的官爵革了。

康熙帝用计除掉了鳌拜，朝廷上下都很高兴。一些原来比较骄横的大臣知道了这个年轻皇帝的厉害，也不敢在他面前放肆。

康熙皇帝亲自执政，除灭鳌拜后，大力整顿朝政，奖励生产，惩办贪污受贿的官员，使新建立的清王朝渐渐强盛起来。当时，南明政权虽然已经灭亡，但是南方有三个藩王却叫康熙十分担心。

这三个藩王本来是投降清朝的明军将领，一个是引清兵进关的吴三桂，一个叫尚可喜，一个叫耿仲明。他们都曾经帮助清朝消灭南明，镇压农民军。清王朝认为他们有功，就封吴三桂为平西王，驻防云南、贵州；封尚可喜为平南王，驻防广东；封耿仲明为靖南王，驻防福建。这三王合起来叫作“三藩”。他们拥重兵于一方，成为威胁国家统一的隐患。

三藩之中，数吴三桂最强。吴三桂当上藩王之后，十分骄横，不但牢牢掌握地方兵权，还控制财政，自派官吏，根本不把清朝廷放在眼里。

康熙知道要在全国统一政令，三藩是很大的障碍，一定得找机会削弱他们的势力。当时正好尚可喜年老，想回辽东老家，他给康熙上了一道奏章，要求让他儿子尚之信继承王位，留在广东。康熙批准尚可喜告老还乡，但是不让他儿子接替平南王爵位。这样一来，触动了吴三桂、耿精忠(耿仲明的孙子)，他们想试探一下康熙的态度，便也假惺惺地主动提出撤除藩王爵位、回到北方的请求，暗地里却积极准备发动叛乱。

这些奏章先后被送到朝廷，康熙立即召集朝臣们进行商议。许多大臣认为吴三桂他们要求撤藩是假的，如果批准他们的请求，吴三桂一定会借机起兵造反。

康熙果断地说：“吴三桂早有野心。撤藩，他要反；不撤，他迟早也要反。不如来个先发制人。”接着，就下诏答复吴三桂，同意他撤藩的要求。诏令一下，吴三桂果然暴跳如雷。他自以为是清朝开国老臣，现在年纪轻轻的皇帝居然撤他的权，就非反不可了。

康熙对吴三桂非常了解，掌握着主动权，所以做出决策很果断，也切中了吴三桂的要害。

1673年，吴三桂在云南起兵反抗清朝廷。为了笼络民心，他脱下清朝王爵的服饰穿戴，换上明朝将军的盔甲，并且还在永历帝的墓前假惺惺地痛哭诉说一番，说是要替明王朝报仇雪恨。但是，人们都记得很清楚，把清兵请进中原来的是吴三桂，最后杀死永历帝的，还是吴三桂。现在他居然打起“反清复明”的旗号来，还能欺骗谁呢？谁还能相信他呢？

吴三桂在西南一带势力非常庞大，一开始，叛军打得很顺利，长驱直入，一直打到湖南。他又派人跟广东的尚之信和福建的耿精忠联系，并约他们一起叛变。这两个藩王一见有吴三桂撑腰壮胆，也带兵起来造反了。历史上把这件事称作“三藩之乱”。

康熙的雄才大略再次显示出来，打与稳同时进行，很快将吴三桂孤立起来。这样，吴三桂再怎么有能耐，也翻不起什么大浪了。

三藩一乱，整个南方很快都被叛军占领。康熙并没有被他们吓倒，他一面调兵遣将，集中兵力讨伐镇压吴三桂；一面又下令停止撤销尚之信、耿精忠的藩王称号，以便把他们稳住。尚之信、耿精忠一看形势对吴三桂极为不利，又带兵投降了。

吴三桂开始打了一些胜仗，后来清兵越来越多，越打越强，吴三桂的力量渐渐削弱，处境十分孤立。经过八年战争，他自己知道实在支撑不下去，连悔带恨，生了一场大病后就断了气。吴三桂死后，他的孙子吴世璠即位，继续领兵造反。

1681年，清军分三路攻进云南昆明，吴三桂的孙子吴世璠被迫自杀而死。长达八年之久的“三藩之乱”平定以后，清朝才在全国的大部分地区建立了稳固的统治。

鸦片战争

当清王朝国势日下、萎靡不振的时候，西方资本主义却迅速发展壮大起来，殖民扩张和殖民掠夺更加肆虐疯狂。他们把中国列为侵略的主要目标之一，而他们向中国扩张的主要手段就是武装入侵、倾销商品和走私鸦片。他们视中国为软弱的羔羊，对其任意宰割。

起初，由于中国长时期的封建社会始终是自给自足的自然经济，对外来商品具有顽强的抵抗力，加上清政府的“闭关锁国”政策限制着中外贸易的发展，因而，英国的工业品在中国很难倾销，几乎是没有什么市场。而中国的茶、丝等土特产品在国外却备受青睐，出口量逐年递增。在中英贸易中，中国长期处于出超（即贸易顺差）的有利地位，白银内流。面对这种发展态势，外国列强怎能善罢甘休？他们早就对中国这块嘴边的肥肉垂涎三尺、虎视眈眈了。当一般商品的“重炮”摧毁不了中国自然经济的长城时，英国侵略者于是就采取海盗式的强取掠夺的手段，向中国大量走私特殊商品——鸦片。同时，美、俄等欧美诸国也参与了这种非常不光彩的“贸易”。

鸦片大量输入，使清政府每年白银外流达六百万两，财政枯竭，国库空虚。鸦片输入严重败坏了社会风尚，摧残了人民的身心健康，同时也破坏了社会生产力。

鸦片走私到中国，给中国社会、清政府及广大人民带来了严重的祸患。中国人的身心健康受到严重的损害，社会生产力急骤下降，而且使国内的白银大量外流，使清政府本来就很紧张的财政更加拮据，吏治更加黑暗腐败，军队战斗力极度削弱，贫民百姓更加饥寒交迫，生活在水深火热之中。这就一步步加深了封建统治的危机。

罪恶的鸦片贸易造成如此严重的灾难，使中国人民与外国侵略者之间的矛盾日益尖锐激化起来，强烈要求禁烟的呼声在中国人民的心目中日益高涨。人民忍无可忍，只有起来反抗。人民的禁烟要求在统治阶级营垒中也引起强烈反响，以林则徐为代表的一部分官员坚决主张禁烟。道光皇帝也意识到问题的严重性，鸦片一天不禁，人民便不得安宁，统治阶级的政权便有倾斜颠覆的危险。在这紧要关头，道光皇帝便任命林则徐为钦差大臣，前往鸦片走私活动十分猖獗的广东禁烟。1839年3月，林则徐到达广州后，严查烟贩，整顿水师，惩办不法官吏，晓喻外商呈缴鸦片。当时，英国商人根本无视中国政府的主权，广东当地群众群情激愤，很多群众来到英国使馆前，要求公使义律交出逃到这里的大鸦片贩子颠地，石头和瓦块成了中国老百姓的武器，纷纷投向了英国使馆的院内。在人民群众的支持下，英美烟商被迫缴出鸦片二百三十七万六千余斤。从6月3日到25日，虎门海滩燃起熊熊大火，所缴鸦片全部当众销毁，这就是震惊中外的“虎门销烟”。这不仅狠狠打击了侵略者的气焰，也向全世界表明了中国人民维护民族尊严、反对外国侵略的坚强意志和决心。

当林则徐禁烟的消息传到伦敦后，英国资产阶级立即掀起了一片战争叫嚣。他们盼望已久的用大炮轰开中国大门的借口找到了。他们以强凌弱，企图用武力来征服清政府，达到不可告人的目的。1840年6月，

交代林则徐禁烟的时代背景。当时的中国被鸦片害得国将不国。人民的禁烟呼声和严峻的形势不容忽视，于是清朝皇帝把禁烟的希望寄托在林则徐身上，以期达到振兴清廷的厚望。

“虎门销烟”成为打击毒品的历史性事件。国际联盟把“虎门销烟”开始的6月3日定为“国际禁烟日”。

禁烟运动直接损害了英国资产阶级的利益，“虎门销烟”成为了外国列强发动鸦片战争的导火索。从这个角度看，“虎门销烟”加速了中国半殖民地化的步伐。

由四十八艘船舰、五百四十门大炮和四千名士兵组成的英国“东方远征军”，陆续到达广东附近海面，严密地封锁珠江口，第一次鸦片战争正式爆发了。

战争爆发后，英军在广东外围的海面上兜了好几个圈子，无奈广东水师戒备森严，严阵以待，他们不敢贸然进犯，便掉转方向北上进攻福建、厦门。闽浙总督邓廷桢亲自率领军民坐阵厦门，击退了英军的多次进攻。侵略者继续北上，清政府竟毫无防备。7月，浙江定海失守，英军迅速北犯白河口，进逼天津，并以武力恫吓，提出割地赔款的要求。昏庸的清政府被敌人气势汹汹的阵势吓坏了，急忙派直隶总督琦善前往大沽口乞求英军退兵。为了表示“诚意”，清政府竟然又下令撤了林则徐的职，改派琦善为钦差大臣火速前往广州与英军谈判妥协。1841年1月25日，中英双方秘密签订了《穿鼻草约》，并私下允许英军进占香港。侵略者得势以后更加嚣张狂妄了，又变本加厉，进一步提出了许多无理要求。

《南京条约》签订前，中国是一个经济上自主的国家，自给自足的封建经济占着统治地位；《南京条约》签订后，中国领土、领海、司法等主权遭到破坏。

1842年8月29日，清政府在英国侵略军炮舰威逼下屈膝投降，俯首称臣，任人宰割，同英军先签订了丧权辱国的《南京条约》，而后又签订了作为《南京条约》补充的《五口通商章程》和《五口通商附粘善后条款》割地赔款和丧失国家主权的供英侵略者享受特权的协议。《南京条约》成为中国近代史上第一个不平等条约，同时也是中国封建社会进入半殖民地化的第一个重要标志。

此后，各国侵略者接踵而来，乘机向软弱无能的清政府索取特权，并与清政府签订了一系列不平等条约，侵略者的无耻行径竟然一概畅通无阻。

时间又过去了十多年，清政府一再妥协退让，根本满足不了侵略者贪得无厌的胃口。为了扩大在鸦片战争中所攫(jué)取的权益，进一步打开中国的门户，英法资产阶级经过精心周密的蓄谋策划，准备再次发动侵华战争。为了制造战争借口，英、法、美三国在1854年和1856年先后向清政府提出“修约”的无理要求，由于遭到清政府的严辞拒绝，他们再次挑起事端，对清政府进行报复。

1856年2月，法国传教士马赖窜入广西西林县，以传教为名进行非法活动，他作恶多端，民愤极大，所以被当地政府处死；1856年10月，中国走私船“亚罗”号因窝藏海盗受到了广东水师搜捕，英国驻广州代理领事出面横加干涉，竟谎称该船为英国的舰船，诬告中国水师侮辱英国的国旗。法、英两国政府就这样堂而皇之地分别以“马神甫”事件和“亚罗”号事件为借口，组成英法联军，悍然发动了新的侵华战争。由于这次战争是打着全面修改鸦片战争所订条约的幌子进行的，历史上故称为第二次鸦片战争。

第二次鸦片战争的过程可分为“第一次英法联军之役”与“第二次英法联军之役”。第一次英法联军之役是从1856年战争爆发到1858年联军抵达天津附近海域为止签订《天津条约》，第二次英法联军之役是从1858年爆发第一次大沽口战役到1860年签订《北京条约》为止。

1856年10月，英军以香港为基地，向广州附近各地炮台发动了疯狂猛烈的进攻。12月，法国派军来华协同英军同中国守军作战，他们又一次结成英法联军。美国和俄国在此时也出兵充当帮凶，公开支持英法的侵略行径。没多久，多国的侵略军占领了广州。1858年4月，英、法、美、俄四国又得寸进尺，更加肆无忌惮，又派出大批军舰一直长驱直入，顺海北上到大沽口，一路耀武扬威，直达天津城外，并大肆扬言攻取清朝的心脏北京。在侵略者的淫威恫吓(dòng hè)之下，清政府再次屈膝投降，被迫于6月与美、俄、英、法分别订立了《天津条约》，再次妥协退让，割地赔款，以换来一时的安宁。

1859年6月，侵略者利用换约之机，进一步对中国扩大侵略战争。1860年8月，英法军舰浩浩荡荡，由“俄人引路，占据北塘”，后占领天津，进逼北京。清朝上下，慌作一团，争相逃命。9月22日，咸丰皇帝率后妃、大臣们逃往承德避暑山庄，命恭亲王奕䜣(xīn)向侵略者求和。10月，英法联军完全控制北京。侵略军在京津地区肆意烧杀淫掠，珍藏中国古代图书、文物和珍宝，昔日被称为“万园之园”的圆明园被侵略者彻底洗劫后纵火焚毁。侵略者的暴行，激起了中国人民的强烈痛恨和英勇抵抗。然而，清王朝却乞求俄国公使出面调停。10月下旬，在英法联军的武力逼迫和沙俄的恫吓下，清政府不得不与英法交换了《天津条约》，然后又与英、法、俄分别签订了《北京条约》。第二次鸦片战争至此结束。

第二次鸦片战争中，沙俄出兵后以“调停有功”自居，在掠夺中国土地方面成为最大的赢家。

第二次鸦片战争中，沙俄趁火打劫，胁迫清政府先后签订了中俄《瑷珲条约》《中俄勘分西北界约记》，在这短短几年之内，沙皇俄国竟然轻而易举地就掠夺了中国近一百五十万平方千米的土地。美国也趁机攫取了和英法两国同样的侵略特权。

蚕食鲸吞：像蚕吃桑叶那样一步步侵占，像鲸吞食那样一下子吞并。比喻用各种方式侵占吞并别国的领土。

第二次鸦片战争，使中国社会在政治上、经济上、文化上的半殖民地程度进一步加深了。清政府的软弱无能，外国列强的蚕食鲸吞、强取豪夺，使祖国的大好河山被瓜分得七零八落，广大人民又陷入了深重的灾难之中。无休止的割地赔款，加重了劳苦大众的负担。清政府转嫁到百姓身上的苛捐杂税多如牛毛，贪官污吏又乘机敲诈勒索，使百姓苦不堪言，民不聊生。民族矛盾、阶级矛盾日益加剧，各地的农民暴动、起义时有发生。清朝的统治大厦，岌(jí)岌可危。

太平天国运动

两次鸦片战争以后，清政府被迫签订了一系列不平等条约，背上了沉重的债务。为了向英帝国支付大量的“战争赔偿”，清政府便日益加紧搜刮民脂民膏，残酷压榨剥削百姓。人民无以为生，濒临绝境，忍无可忍，于是纷纷揭竿而起，反抗官府的统治和压榨。从1840年至1850年间，全国先后出现一百余起农民起义。其中洪秀全领导的太平天国起义，规模最大，时间最长，波及面最广，影响最深。

洪秀全(1814—1864年)，广东花县人，自幼博览群书，聪明好学。长大后渐明事理，对腐朽的清王朝深表痛恨。1843年，他组织创立了“拜上帝教”。1851年1月11日，洪秀全率领众多信徒在金田村起义，建国号“太平天国”。起义军众志成城，顽强英勇，所向披靡。它声势浩大，势如破竹，百姓、各路豪杰、仁人志士纷纷投奔归附。起义军队伍不断发展壮大，严重威胁着日益腐朽的清王朝。继洪秀全称“天王”后，他又封杨秀清为“东王”，萧朝贵为“西王”，冯云山为“南王”，韦昌辉为“北王”，石达开为“翼王”。

1852年春，太平军一路浩浩荡荡，挥师继续北上。不幸的是，萧朝贵、冯云山先后在激烈的战斗中身受重伤牺牲。太平军先后占领了汉江、汉阳、武昌。此时太平军军威大震，已达五十万人之多。1853年年初，太平军挥戈南下，3月占领了重镇南京。洪秀全这时又将南京改称“天京”，把它当作太平天国的京城。不久，洪秀全颁布了“天朝田亩制

天朝田亩制度体现了绝对平均主义思想，幻想在分散的小农经济基础上实行均贫富。它无法调动人们的积极性，只是空想，根本无法实现。

度”，规定“有田同耕，有饭同食，有衣同穿，有钱同使。无处不均匀，无处不饱暖”。此时，在太平军的威逼下，清政府慌了手脚，清兵与地主武装曾国藩的湘军等用重兵合围天京。洪秀全派李开芳、林凤祥率两万太平军继续北伐。北伐军直捣直隶，威逼北京。在出兵北伐的同时，洪秀全又派赖汉英等将领亲率水军乘一千余只战船沿长江西征。历经三年苦战，奋力拼杀，于1856年的上半年，太平天国已经控制了江西、安徽、湖北和江苏的大部分地区，并先后击溃了清朝的江北大营和江南大营。太平军越战越勇，捷报频传；官兵却屡屡败退，犹如缩头乌龟躲在城中固守，不敢出战。此时的太平天国在军事上和政治上达到了前所未有的全盛时期。但就在这时，在天京竟然发生了一场意想不到的大变乱：太平天国领导集团内部发生了严重的内讧，几位领导人为了论功行赏，争权夺势，竟不惜动用武力，刀枪相见，相互残杀。这场大变乱，是太平天国由盛到衰、由强到弱的转折点。

事情起因于东王逼天王，于是，天王就要北王杀东王，冀王又要杀北王，王杀王，杀了个血流成河，史称“天京事变”。

太平天国发生这场内讧绝对不是偶然的，它是太平天国领导集团内部矛盾的一次总爆发，是洪秀全和杨秀清二人之间矛盾尖锐激烈化的必然结果。

太平天国在南京建都以后，这些农民领袖被革命胜利冲昏了头脑，革命意志大大减弱了。他们生活奢侈，养尊处优，贪图安逸，模仿着封建王朝的排场，大兴土木，建造宫殿。他们还抛弃“人人平等”的思想观念，建立起烦琐的等级制度，从此一天天脱离了人民群众，鱼也就失去了赖以生存的生命之源——水。

这时，杨秀清在太平天国领导集团中的实力不断增强。他错误地认为建立自己最高统治地位的时机已经到来，便向洪秀全“逼封万岁”。一天，杨秀清竟派人将洪秀全召到东王府来。他摆出一副盛气凌人的样子，居功自傲，谎借“天父”的名义向洪秀全说：“尔与东王均为我子，东王有特大功劳，何止称九千岁？”洪秀全被迫无奈，当时不得不顺从他说：“东王打江山，亦当是万岁。”杨秀清仍然不依不饶，步步紧逼，又说：“东世子岂止是千岁？”洪秀全索性回答：“东王既万岁，世子亦便是万岁，且世代皆万岁。”

洪秀全当年就是靠“拜上帝教”起义的。杨秀清玩起“天父”附身，就比“天王”洪秀全的位置还高。对此，洪秀全也不得不承认，要是揭穿的话，大家就都露馅了。

事后，洪秀全心怀极大不满，对杨秀清的所作所为十分恼火，立即秘密召回在江西的韦昌辉和在丹阳的秦日纲，准备采取果断手段，置杨秀清于死地，以防后患。

很快，韦昌辉率三千精兵于9月1日深夜到达天京，悄悄包围了东王府，又令士兵闯进东王府内把杨秀清及其全家通通杀死。之后，双方所率各部在天京城内展开了激烈的交战，杨秀清的所部有两万多人被韦昌辉消灭。秦日纲追随韦昌辉也参与了这次屠杀杨秀清及其家人、所率部将的行动。翼王石达开闻讯后带领随从从湖北急速赶回天京，愤怒斥责韦昌辉心狠手辣，滥杀无辜。韦昌辉听后很恼火，又要派人去杀石达开。石达开吓得赶紧连夜逃走。直到11月，洪秀全为形势所逼，不得不下令杀了韦昌辉和秦日纲，好歹才平息了这场可悲的变乱。

清军闻听这场变乱后必定心中窃喜，大喊快哉，不用他们费一刀一枪，太平天国的优秀将帅就自行折翼殒命了。

韦昌辉被杀后，洪秀全召石达开回京辅政。不久，洪秀全对石达开又生猜忌，为了防患于未然，他便封自己的两个兄长为王，以牵制石达开。1857年6月，石达开在这种情况下非常不满，他一气之下，带领十多万太平军的精锐部队擅自离开天京，向四川进军。

从此，太平天国的政治、军事力量就更加分散和削弱了。内部不团结，使政权受到了极大的打击。在这种情况下，洪秀全亲自执掌了政权。他提拔重用有才干的青年将领，重新建立领导核心。他任命后起的陈玉成、李秀成、李世贤、韦志俊、蒙得恩为前后左右中五军主将。洪秀全自兼军师。这样就暂时填补了杨、韦死后和石达开带兵出走后的领导空缺。陈玉成、李秀成、李世贤后来果然有所作为，成为太平天国后期的军事支柱，曾经取得一些军事上的胜利。当时，在离天京不远的上海，是英、美等殖民主义者和清朝统治者狼狈为奸、相互勾结，合伙做鸦片贸易的主要商埠。中外反动力量聚集在这里，他们对太平天国是个明显的威胁，是心腹大患。

洪秀全颇有识才眼光，相对于老一辈的几个王，这些后起之秀更易于管理和领导，为太平天国带来了一丝新的希望。这是洪秀全在“天京事变”后心灵上得到的一点慰藉。

1860年，太平天国忠王李秀成率兵攻占了苏州后，便向上海大举进军。外国侵略者鉴于太平天国反对他们在中国搞鸦片贸易，直接影响了他们的利益，就与清政府相互勾结。于是，在6月，一个名叫华尔的美国人在美国公使的指使下，组织了一支“洋枪队”，与清朝政府的军队勾结在一起，大力镇压太平军。

洋人出于自己的利益考虑，和清政府沆瀣一气，共同对付太平军，这样既可保障他们的在华利益，也给了清政府很大的面子。但他们打的如意算盘失策了，落得人财两空，徒留笑柄。

7月中旬，太平军士气勇猛，一直打到上海附近，李秀成照会英、美、法三国公使，说明此次太平军大举进军上海的目的，并向他们宣布：太平军保护在上海的外国居民不受侵犯。但是，英、美、法三国公使非常傲慢，对这个照会置之不理，不屑一顾。7月16日，美国人华尔率领“洋枪队”猛烈攻打太平军占据的松江和青浦两个地方。双方展开激战。8月2日，太平军的援军及时到达青浦，大破“洋枪队”和清军，取得了辉煌的战果。他们杀死洋兵六七百人，得其洋枪两千支，火炮十余门，洋炮一百余门，船只数百条。在这次战斗中，华尔受五处重伤，“洋枪队”遭到惨败，没有了昔日的威风。

太平军收复松江后，又乘胜大举挺进，继续向上海进军。此时，李秀成对外国侵略者还存在某种幻想，希望他们能够遵守“中立”，便再次向他们重申太平军保护外国侨民的政策。但是,外国侵略者根本不买太平军的账,公然宣布“上海城及外国租界由英法联军占领”,并炮轰太平军的大营,致使太平军遭到重大伤亡。

1861年年底,太平军又发起进攻,直逼上海。这时,外国侵略者和清朝统治者又勾结到一起,组织了“中外会防局”,拼凑了一支新的“洋枪队”。这次,这支军队由英国的海军提督何伯、陆军提督迪佛立、法国海军提督卜罗德及美国的华尔联合统率。他们向太平军发动最猛烈的进攻,妄图一举消灭掉太平军,达到他们进一步控制清政府的目的。

太平军将士顽强抵抗着敌人的攻击。面对敌人的洋枪洋炮,他们奋勇杀敌,浴血奋战,何伯被打伤了,卜罗德被击毙了。眼看着胜利在望,但就在此时,天京突然告急,李秀成不得不回师天京增援。李秀成率领部队主力离开上海战场之后,余部继续同敌军进行战斗。1862年9月,英、法侵略军进犯浙江慈溪,华尔率领他的“常胜军”前去增援。就在这次战役中,这个双手沾满中国人民鲜血的刽子手终于被太平军打死了,敌军又一次遭到重创。

太平天国后期虽然取得了很大胜利,势力发展到十几个省,斗争坚持长达十四年之久,但最终还是败在曾国藩、左宗棠的湘军,李鸿章的淮军同英、美等侵略者的联合进攻下。虽然太平天国最终失败了,但是,太平天国毕竟给外国侵略者和清朝军队以沉重打击,动摇了清朝的统治,加速了清朝灭亡的进程。太平天国提出的口号,还反映了当时人民的正当要求和内心的呼声。

道不同不相为谋。太平军想要侵略者保持“中立”,本是一厢情愿。侵略者与清政府是一丘之貉,存在相互利用的关系,他们要保住自己在中国的利益,自然不会买太平军的账。

太平天国运动从一开始就注定了失败的命运。运动本身就缺乏科学的理论指导,它从农民起义到建立政权后,领导集团政治上就过早地开始封建化,沉迷于享乐,不思进取反而争权夺利,以致发生天京变乱,极大削弱了自身实力。

中日甲午战争

1894年4月，朝鲜爆发东学道农民起义，朝鲜政府请求清政府派兵帮助镇压。清政府派太原总兵聂士成、直隶提督叶志超率领两千名精兵赴朝援助。日本以保护使馆和侨民为由，派重兵占据仁川至汉城一带战略要地，不久起义平息。清政府建议中日同时撤军，日方拒绝，并继续增兵。7月23日，日本借口“改革朝鲜内政”，闯入朝鲜王宫，俘虏国王，扶植傀(kuǐ)儡(lěi)政权。清政府被迫派兵增援。北洋海军提督丁汝昌派“济远”“广乙”等战舰护送兵船到牙山，支援叶志超、聂士成部队。7月25日拂晓，“济远”“广乙”完成了护船任务，从牙山起碇返航。当两舰驶至半岛海面时，与日本海军“吉野”“浪速”“秋津洲”三舰相遇。

日本发动对中国的侵略战争，蓄谋已久。早在日本明治天皇登基伊始，便极力鼓吹军国主义，以实行对外扩张为基本国策，并将侵略矛头首先指向其近邻朝鲜和中国。

日舰不宣而战，向“济远”“广乙”两舰突然开炮，妄图趁其不备，将“济远”“广乙”击沉，从而燃起了战火。这年是甲午年，历史上把这次中日战争，称为“甲午战争”。清军“济远”“广乙”两舰丝毫没有防备，被打个措手不及，仓皇应战，损失惨重。清政府对日军的挑衅(xìn)忍无可忍，8月8日正式向日本宣战。同一天，日本也向清政府宣战。

9月17日，北洋舰队主力与日本联合舰队在鸭绿江口外的黄海相遇，双方展开了激战。在这次海战中，北洋舰队投入战斗的有十只战舰，日本联合舰队是十二只。北洋战舰吨位小，速度慢，而日军战舰是以“吉野”为首的铁甲快速战舰。

海战开始时，在丁汝昌的指挥下，十只战船以“人”字队形向日军联合舰队发起攻击。刘步蟾指挥“定远”舰首当其冲，冲杀在前，将日本联合舰队拦腰截断，使日军舰队首尾不能相顾，一下子打乱了日舰的阵形。清军猛烈的炮火攻击下重创日军“比叡(ruì)”“赤诚”“西京丸”等舰，并击毙“赤城”舰长——日本海军少佐坂元太郎。

日本联合舰队不久从惊慌中镇定下来，依仗舰坚舰多火力强，转而对北洋舰队实行南北夹击，使北洋舰队陷于腹背受敌的不利地位。北洋舰队的旗舰“定远”舰被日本先锋队“吉野”“高千穗”“秋津洲”“浪速”四舰包围，情势十分危急。“致远”舰管带邓世昌见此情景，激励“致远”全舰官兵拼死作战。此时“致远”舰已经受伤，舰上烟火弥漫，他把令旗一挥，下令开足马力冲向前去，把旗舰掩在舰后，向日舰连发数弹，逼使日舰稍稍后退，使旗舰“定远”得以脱围。北洋舰队其他战舰见此情景，很受鼓舞，士气大振。只见黄海海面，炮声震天，烟焰弥漫，双方打得异常激烈。

中日海战场面描写壮烈震撼，重点描写中国战舰在战斗中的出色表现。遥想当年黄海上的隆隆炮声，何其震耳欲聋，如阵阵警钟震荡着中国人的耳膜和心脏，逼迫中国人在两次鸦片战争之后再次警醒。

战斗进行到下午三点钟左右，“致远”舰在激战中由于首当其冲，目标最大，所以遭受的打击也最为惨重。这时舰身已开始倾斜，眼看就要沉没大海，弹药也快打光了。邓世昌仍然镇定从容，拼死作战。日军铁甲舰“吉野”肆无忌惮地冲杀过来，连续向“致远”发射重型大炮，骄横至极，妄图一举把“致远”击沉。

邓世昌见状，气愤至极，命令舵手开足马力，对准“吉野”一直冲过去，企图撞沉“吉野”。日舰“吉野”指挥见状大惊失色，一面命令施放鱼雷，一边准备掉转船头逃跑。正当“致远”舰快要接近“吉野”的时候，不幸被鱼雷击中，邓世昌与全舰将士同时落水。

浪涛中，邓世昌的随从刘忠将自己的救生圈让给邓世昌。邓世昌说什么也不接受。正当两个人互相争让的时候，恰逢有一艘中国鱼雷快艇驶来，欲救起邓世昌，而邓世昌因全舰俱沉，自己决心与全舰将士同生共死，任凭海水袭浸，身体渐渐沉没下去。此刻，他养的那条叫“太阳犬”的爱犬，也游到他的身边，想救起主人。邓世昌仍坚持自沉，义不独生，毅然用手把爱犬的头部按入水中，一同没入汹涌的波涛之中。邓世昌壮烈牺牲时，年仅四十五岁。“致远”舰全舰二百五十余名官兵全部壮烈牺牲、为国捐躯。

邓世昌悲壮牺牲时的细节描写生动感人，他强烈的爱国心更令人崇敬。邓世昌曾说：“人谁不死，但愿死得其所尔。”他的死正可谓死得其所，人神俱惊。

下午三点多，北洋舰队右翼阵脚的“超勇”“扬威”二舰中弹起火沉没，“经远”舰失去了掩护。此时日舰主攻的清军左翼“济远”舰和“广甲”舰仓皇逃窜，日舰掉头迅速将“经远”舰团团包围，把它逼出阵外。“经远”在号称“帝国精锐”的日本先锋队“吉野”等四舰的围攻下，中弹多处，管带林永升指挥全舰将士不断发炮攻击。正当激战正酣之际，林永升猛然发现一敌舰中弹受伤，于是下令对准这只受伤的敌舰开足马力追击，想一鼓作气将其击沉。日舰依仗舰多铁甲固，集中火力以排炮猛攻“经远”舰。突然一颗炸弹在林永升面前炸开，林永升不幸中弹身亡。大副陈荣和二副陈京莹随后也相继被炮弹击中身亡。“经远”舰最后在烈焰中沉没，全舰将士无一生还。

日舰的武器装备远胜中国军舰，中国将士们只能凭借满腔爱国热血奋勇作战，精神可歌可泣。北洋舰队在甲午海战中严重受创，清末的中国遭遇了一次噩梦惊魂。

下午五时多，“靖远”舰在叶祖硅指挥下，修复好漏洞，他见旗舰“定远”桅楼被毁，全队失去指挥，便主动代替旗舰，率领剩余舰船向日舰猛打猛冲。在“靖远”舰的带领下，北洋舰队声势大振，一齐向日本联合舰队攻击。日舰这时也损失惨重，见势不妙，掉转船头向西南方向遁逃。

黄海海战，日舰首先撤离战场，北洋舰队旋即返航旅顺，双方各有损失。中国舰队“致远”“经远”“超勇”被击沉，“扬威”“广甲”自毁，另有六艘受创，死伤将士千余人，但主力尚存。日舰旗舰“松岛”及“赤诚”“吉野”“比叡”“西京丸”五舰受重创，死伤舰长及官兵六百余人。而李鸿章借口“保船制敌”，命丁汝昌率舰队躲进威海卫港，坐守待毙。从此，日本控制了制海权。

黄海海战对中国历史的影响极其深远：首先是台湾等大片领土的割让，进一步破坏了中国主权的完整，民族危机进一步加深。其次是巨额赔款加重了中国人民的负担，同时，加速了日本帝国主义的发展。最后是通商口岸的开放，使帝国主义侵略势力深入中国内地。

戊戌变法

光绪三十四年八月初六(1898年9月21日)凌晨。

光绪帝前夜由于心绪不宁，折腾了半宿[xiǔ]才合眼，早晨正做着布新政、展宏图的美梦时，御前太监王商唤醒了他，告诉他慈禧太后回宫的消息。

光绪一听，脑袋顿时“嗡”的一声，神色为之一变！因为按惯例，每年的端午节到万寿节这一段初夏至仲秋的时间，慈禧一向住在颐和园中消暑，此时尚早，她却突然回宫，其中必有缘故，他不禁满腹狐疑。

太监们簇拥着光绪、珍妃，径直朝乾清门迎去。这时，只见八个太监抬着一个蒙着黄缎子的銮(luán)舆(yú)迎面而来，五六十个太监前呼后拥，总管李莲英神气活现地走在最前面。光绪、珍妃快步跪于铺着红色地毯的甬道上给慈禧请安。銮舆停下，慈禧掀开轿帘，瞥了光绪、珍妃一眼，然后吩咐太监：“到养心殿！”銮舆进了养心门，太监们轻轻撂(liào)下轿杆。慈禧由两个宫女搀扶着下了轿，向东暖阁走去。那里原是皇上的卧室，后来皇上搬到殿后的二层殿居住，这里就成了慈禧垂帘听政的所在地。阁的正中是龙饰木雕的毗卢罩，罩下垂一幅黄纱帘，纱幕后面是一宽大黄缎宝

从居住之所来看，光绪皇帝已然成为傀儡，皇权实际上已被慈禧掌握。强势的慈禧掌权长达四十多年，深深地影响了中国历史。

座。昔日慈禧垂帘听政在此稳坐三十余年，但自从光绪亲政以后，她就已经离开了这里。纱幕前面是一个稍小的御座，这是光绪接见大臣的座位。慈禧入阁以后，在门口站定，凝视着墙上那幅巨书“龙”字，然后转向两个宝座，现出若有所思的神情。她缓缓走到光绪御座前，一下坐了上去。

对光绪的心理及众人的神态描写，渲染出一种令人焦躁不安、惶惑不已的氛围。

光绪见状，心中不禁一沉，有一种不祥的预感。众人也疑窦丛生，面面相觑，不知道到底发生了什么事。

光绪、珍妃立即跪于织花地毯上，行过大礼，又请了一遍安后，垂手立于案前。慈禧瞪视着光绪，手指着他道：“哼！在你眼里，还有我这个亲爸爸（满族人对姑母的一种尊敬而又亲切的称呼）吗？”光绪四岁进宫时，慈禧就命乳娘、太监教小载湉（tián）称她为“亲爸爸”。光绪支吾道：“连日政务繁忙，不曾到颐和园去给亲爸爸请安，实是孩儿的不是。”慈禧挖苦着：“我知道你很忙，一会儿部署斩杀荣禄，一会儿部署兵力包围颐和园。如此军国大事，岂能不忙！”

一个支吾，一个挖苦，彼此心照不宣，但无形的硝烟已弥漫在二人之间。在戊戌变法的前夕，形势波诡云谲，各种不安定因素充斥朝野。光绪和慈禧的关系高度紧张，充满杀气，一触即发。

光绪一听，脑袋“嗡”的一下，几乎昏倒在地。他知道机密已经泄漏，但还想争辩一番。慈禧愤怒至极，扬言要废黜（chù）光绪，另立明君。珍妃闻言大吃一惊，想替光绪求情，慈禧愤怒地命李莲英将珍妃拖下去，关进冷宫。

这天上午，王公大臣们集聚于庄严肃穆的乾清宫。慈禧在御座上正襟危坐。荣禄、李鸿章、庆亲王、端郡王等，都跪在案前。慈禧将筹划好的计划开门见山地说了出来：“近年来我归政以后，不料皇上听信康逆妖言，闹得举国上下，乌烟瘴气，坏了大清的体统。皇上既然已经辜负祖宗寄托，已不堪为帝。我意以为应当废黜。众卿以为如何？”

群臣面面相觑，半晌不敢出声。

荣禄因听到一些风声，知道洋人对光绪的新政颇有好感，都支持他变法。如果真的废黜了光绪皇帝，国内、国际皆有人反对，于是壮着胆子说：“废立恐引起国际干涉，臣以为暂缓为妥。臣等再请老佛爷训政。”

这才是问题的关键，才是慈禧发怒的真实原因。慈禧不愧是玩弄权术的高手，她已将光绪和众臣玩弄于自己的鼓掌之间。荣禄和慈禧一个鼻孔出气。

其实，谁当皇帝并不重要，重要的是慈禧重新垂帘听政。这样大权在握，一切都好办了。荣禄提出此议，既合慈禧之意，又省去了不少麻烦。

慈禧又问群臣：“众卿以为如何？”

荣禄乃慈禧第一心腹，他一锤定音，谁还敢有异议？众臣只好纷纷表示赞同。

于是当日下午，荣禄便命军机处拟旨，矫称帝诏，布告天下，布告称：

朕躬疾胜，再请慈禧皇太后亲政；由即日起，在便殿设朝、办事。

钦此

光绪的疑虑不无道理，只可惜他此刻已身不由己，无力违抗慈禧的旨意。他这一去，将陷万劫不复之境，瀛台终成他的地狱。

第二天一早，备受监视的光绪帝忽见太监总管李莲英至养心殿，说慈禧太后召他速去瀛台岛。光绪听了未免一愣：老佛爷一向是住在乐寿堂的，在瀛台岛召见他，尚属首次，不知这里搞的是什么鬼名堂。但他不愿多问，只好向备好的銮舆走去。

太监们抬着銮舆，出养心殿门，至西苑湖，过了一座小桥，来到瀛台岛。光绪来到涵元殿，并未见到太后，正纳闷，李莲英阴阳怪气地道：“奴才奉老佛爷之命，请皇上居于瀛台！”他又吩咐手下的太监道：“你们要好生‘侍候’皇上，不要让皇上到别处去！”

这是光绪的肺腑之言，凄凉胜于西苑湖的秋水，不堪承受。此刻被禁瀛台的光绪悲叹自己不如傀儡皇帝汉献帝刘协，实是心死之语。

光绪此时已然明白：自己已被幽禁于此了！他走出涵元殿，望着茫茫的西苑湖秋水，仰天叹道：“吾不如汉献帝也！”光绪的变法到此也完全结束了。从宣布变法到变法失败，前后只有一百零三天的时间，所以人们又把戊戌变法叫“百日维新”。慈禧重新走上前台的头一道懿(yì)旨，就是下令缉拿康有为、谭嗣同等维新派人物。光绪在风声鹤唳(lì)的时候，并没有忘记与他休戚与共的维新派。他在去瀛台之前，曾下一道密旨，令康有为等逃匿。

康有为接到密旨，知道不妙，立即乘火车前往天津，又从天津搭一艘英商太古公司“重庆”轮船去上海。他在英国领事白利南的保护下，从上海乘快艇去了香港。梁启超接到密旨急赴日本大使馆避难，后来在日本人的保护下伺机逃到日本横滨。康、梁免遭其祸，其他人的命运却很惨烈。谭嗣同因身在军机处，政变第一天，便已知道消息。他感到极为震惊与悔恨，并深悔自己认错了袁世凯而误了皇上的大事。如果谭嗣同想逃走，有很充足的时间和机会，但此时他已暗暗打定主意：国难当头，以死来唤醒国人。

他在浏阳会馆中从容不迫地整理信札、书稿……他的密友江湖侠客大刀王五、通臂猿胡七听说风声不好，就直赴浏阳会馆，欲保护他出逃。但谭嗣同一口谢绝道：“各国变革无不从流血开始。中国维新也必须流血，那么，就从我谭某开始吧！”王、胡二人无论怎么劝说，均告无效。

体现了谭嗣同临危不惧、大义凛然、为追求民主、报效祖国而视死如归的英勇献身精神。

“二位侠肝义胆，心意我领了！但我决难从命。你们快离开这里吧，很快就会有人来逮捕我了，免得二位受到牵连……”

这时，北半截胡同响起一片杂沓的脚步声，喊叫声嚷成一片：“快！包抄院子，别让他跑了……”

谭嗣同镇定自若地走出屋子，说道：“各位差爷，是来抓谭某的吧？我随你们去好了！”谭嗣同就这样走进了牢房。在牢房里，谭嗣同用炭写了一首表达壮志的诗：

望门投止思张俭，
忍死须臾待杜根。
我自横刀向天笑，
去留肝胆两昆仑。

虽然谭嗣同死心已决，可王五、胡七等却并不甘心。在行刑那天，二人带着数十名侠客、镖师扮作五行八作之人，来到菜市口。未到午时，便涌来无数捕快、兵勇，三步一岗，五步一哨，形成了一道道刀墙剑壁。菜市口刑场布置得如铁桶一般，苍蝇也休想飞走！王五、胡七等一筹莫展，只好偃旗息鼓。

中国的维新之路就此被斩断，也加速了清朝的灭亡。

午时三刻，谭嗣同、杨深秀、康广仁、刘光第、林旭、杨锐“六君子”血染维新旗，倒在顽固派的屠刀之下。临刑前，谭嗣同大义凛然地高声吟诵自己的绝命诗：

有心杀贼，
无力回天。
死得其所，
快哉快哉！

成者为王，败者为寇。维新志士的鲜血染红了顽固派的顶戴。

“六君子”被诛以后，荣禄升调为军机大臣；袁世凯告密“有功”，慈禧赏赐白银五千两；而踌躇满志的光绪帝则被圈禁在瀛台岛上消磨他的余生……

义和团运动

19世纪末，英、法、日先后发动四次侵华战争，帝国主义在中国疯狂强占“租借地”和划分“势力范围”，掀起瓜分中国的狂潮，它们强迫清政府签订了一系列丧权辱国的不平等条约。大量的割地、赔款使中国人民陷入水深火热之中。清政府腐败无能，内部矛盾纷杂，维新党同保守党的斗争尤为尖锐，清政府陷于内忧外患之中。

由于德国军队入侵胶洲湾，德国教会势力不断扩张，横行乡里，鱼肉百姓，终于激起了大规模的农民反帝爱国运动——义和团（义和拳）斗争。涞（lái）水、定义、新城、涿州等地的人民，在朱红灯、张德成、曹福田等各阶层有识之士的领导下，相继揭竿而起，打起了“替天行道，国民捐助”的大旗。一时间应者云集，农民、手工业者、小商贩、青年妇女等全都戴着红色或黄色的头巾，手中拿着大刀、长矛，从乡村涌向城镇。起义军提出“保护中原，驱逐洋寇”“上能保国、下能安民”的口号，赢得了广大群众的同情和支持。

1899年秋，山东平原等县适逢严重天灾，教会通过教民趁灾打劫，囤积居奇，肆意抬高粮价，激起极大民愤。9月，平原岗子教民劣绅李金榜，仗势欺凌村民李长水，引起教民争斗。李仗势向官府以“抢案”告发，致使六名拳民无辜被捕。10月9日，朱红灯应邀率队到了平原，砸毁两所教堂，严惩了一些作恶的教徒。平原知县蒋楷闻讯带守城官兵及衙役出城攻击，义和团把清兵杀得大败而逃。15日，济南知府卢昌治亲率卫队马步军赶到平原，同日晚间，候补知府袁世敦也率大队骑兵围攻，对义和团采取大规模军事镇压行动。朱红灯为避清军锋芒，先自撤离县城十余里，至森罗殿严阵以待，并警告清兵："若再相逼，自失颜面，勿怨我！"清军自恃人多势众，又仗拥有新式枪械，步步进逼，发动猛烈进攻。义和团冒着如雨弹丸，毫不畏惧，前仆后继，勇猛反击，重创来犯清军。溃乱之际，不料又有大队清军骑兵自恩县开来增援，对义和团实施两路夹攻，企图包围歼灭。朱红灯眼看敌我力量悬殊，于是在当地群众的掩护、支持下，率义和团安全转移，最后又撤回到高唐、仕平一带原根据地坚持斗争。平原起义使山东的义和团运动进一步高涨起来，义和团大有"星星之火，可以燎原"的气势。这引起了清政府的极大恐慌。他们多次宣布义和团为"邪教"，严加禁止。以劳乃宣、袁世凯等人为代表的"主剿派"，多次派兵镇压、围剿。

义和团提出"刀枪不入、神灵附体"的口号，这些迷信思想在运动初期起到团结人心、鼓舞士气的作用。

义和团在这种环境下，毫不畏惧，在朱红灯、张德成等著名首领的指挥下，像两只铁拳，东挡西杀，可称得上兵来将挡，水来土掩，一方面抵抗清军的不断剿杀，另一方面痛击西方教会势力，去除百姓的重压。义和团在冠县梨园屯、日照等地，焚烧教堂，严厉惩办对平民百姓进行疯狂压榨的教士及教民，甚至拆毁铁路、电线，使西方各国使馆大为惊慌。

义和团运动发展得异常神速。从秘密结社的少数团众提出"灭洋"的口号开始，短短几个月中，各地便形成了数以万计的大规模的农民起义军，并且迅速占据了涿州。

面对当时西方各国加紧瓜分中国这一严峻形势，义和团便提出了"扶清灭洋"的口号，以吸引更多的民众。这一口号广泛地争取到了一些爱国的官绅、士大

"扶清灭洋"的口号在义和团运动中，在一定程度上，起到了打击帝国主义列强的作用。但农民阶级自身的局限性使其被清政府利用，后被抛弃并走向了失败，成为八国联军入侵的导火索。

夫和清军爱国将士的支持，使这次运动空前高涨。义和团势力的迅速发展直接威胁着清王朝的统治。慈禧等人害怕一味“剿办”，会“激成变端”，于是使用安抚的办法企图解散、收编这支武装力量。义和团在斗争中无形地争得合法地位，不久迅速在北京、天津附近发展起来。

随着北京附近各县义和团声势浩大斗争的开展，外州县团众三五十人一队陆续涌入京城。清政府的各个大小衙门、王公住宅多由义和团把守监视，并在各重要路口、内外城门口布岗设哨。满汉各营的士兵、武卫后军等军士几乎全部参加了义和团，到处都是义和团的揭帖：“还我江山还我权，刀山火海爷敢钻，哪怕皇上服了外，不杀洋人誓不完。”此时，总理衙门的权势一落千丈。北京政权虽然没有被义和团直接控制，但义和团声势浩大的斗争却在北京产生了日益增长的政治影响。

从揭帖内容可以看出，义和团的锋芒直指洋人，与洋人不共戴天。说明义和团具有朴素的爱国思想，对外国侵略者给中国带来的灾难十分痛恨。但它的这种排外思想带有一定的片面性和局限性。

1900年6月10日，八国联军两千多人在英国海军中将西摩尔的率领下，分批由天津乘五列火车向北京进犯。义和团以破坏铁路相阻截，侵略军只得边修路边推进。次日傍晚，侵略军进至落垡(fá)车站附近，因前方路轨被挖而停顿抢修铁路。12日下午，数百名义和团战士举着大刀、长矛，由铁路北侧向侵略军发动攻击，导致激战。后因侵略军后队美军赶到，在铁路两旁架起大炮，“两面开炮夹攻”，义和团遭受重大伤亡。次日，侵略军以一个支队兵力驻守落垡，其余部队则继续推进。津京全线火车原只有三四个小时的路程，可是直至13日晚，竟用了八十多个小时，才到达离北京尚有一半距离的廊坊车站。14日清晨，侵略军的第一列火车刚从廊坊开出十余里，第二列火车尚在车站加水待发之时，突然从铁路两旁涌出三百多名义和团战士向廊坊车站发起围攻，经一番恶战，义和团击毙意大利侵略军五名，杀伤多人。同一天，另一部义和团还包围袭击了盘踞在落垡车站的侵略军。西摩尔只得令第一列火车返回廊坊车站相救，同时又派一列火车载运大炮前往落垡解围。18日，大队义和团联合清军董福祥部共两千余人，又一次向廊坊侵略军发起猛攻，激战两个小时。义和团战士迎着敌人的炮火，猛冲敌阵，杀死敌人五十多人，迫使侵略军向杨村撤退，妄图改由水路入侵北京。当晚义和团再一次在杨村车站向敌人发动进攻，再打死打伤侵略军四十人。西摩尔只好率全部侵略军向天津退逃。侵略军在溃退中，沿途又不断遭受义和团的阻击，迟至25日才在两千名沙俄援兵接应下，逃进天津租界。廊坊、落垡战役使八国联军遭到了沉重打击，前后总计被打死打伤三百七十四人。

由此可以看出，义和团在一定程度上阻止了帝国主义列强瓜分中国的野心，促进了中国广大人民群众的觉醒。

1900年7月，八国联军攻陷天津。8月初，各国侵略军统帅举行会议，商量进攻北京。当时京津铁路已被毁坏，侵略者决定沿运河取道通州西进。8月4日，侵略军约两万人从天津出发。英、美、日三国侵略军沿运河西岸，俄、德、法、奥、意五国侵略军沿东岸向北京进犯。当时，京津之间的清军尚有数万人。但慈禧不想抵抗，而是向侵略者乞降。她一面电催李鸿章北上与列强议和，一面命人通知各国统帅，乞求停战。随着侵略军的推进，清军望风溃逃，仅少数部队抵抗。京津沿线的义和团战士则顽强地战斗。侵略军到哪里，哪里就有义和团阻击。

面对侵略军，清军和义和团战士的表现形成鲜明对比，体现出清军的怯懦和义和团战士的英勇无畏。

8月5日，八国联军到达离天津仅十千米的北仓。驻北仓的有从天津撤出的马玉昆率领的清武卫右军，聂士成的武卫前军余部把守着运河西岸的韩家墅。侵略军到北仓后，即与马玉昆部遭遇。义和团大队人马数千人立即从附近各地赶来，和清军会合，阻击侵略者。5日凌晨，侵略军向北仓发起攻击。义和团战士和武卫右军在运河两岸挖战壕，顽强抗击，与敌人展开血战。义和团战士还掘开运河，放水阻遏敌人。双方激战多时，几次打退了八国联军的进攻。敌人见攻不下北仓，转而攻运河西岸的韩家墅。守卫在那里的清军人少，韩家墅被日、美、英军队占领。于是敌人渡过运河，从侧翼进攻北仓阵地。义和团和清军遭到敌人夹击，马玉昆的军队在混战中撤退，大批义和团战士壮烈牺牲，北仓失守。北仓阻击战，是八国联军进犯北京途中遭到的一次沉重打击。义和团战士和部分清军官兵英勇作战，歼灭侵略军一千三百余人，其中俄军六百多人，日军四百多人，英军一百二十余人。北仓阻击战的第二天，俄国陆军中将苏罗捷科夫致陆军大臣电报中承认："中国现在已经表明，它能够为种族斗争提供多么巨大的兵力、金钱和精力，所缺乏的只是组织和组织者。"义和团就在这种腹背受敌的状态下艰苦作战，进行斗争。后来，八国联军兵临城下。慈禧临阵脱逃，而义和团的将士们却在城中浴血奋战，献出了自己的鲜血和生命。

外敌当前，民族存亡之即，义和团战士和清政府的军队联合起来共同对敌，这种民族士气令人鼓舞。

随着北京失陷，八国联军到处烧杀淫掠，扩大侵略。以慈禧太后为首的清政府，决心对外彻底投降，对义和团"痛加铲除"。西太后在流亡途中，颁发"剿匪"上谕，通令官兵全力剿办义和团，做到斩尽杀绝。

由于清政府同西方列强的相互勾结，共同绞杀，使义和团不断分化、瓦解，直至名存实亡。然而，义和团运动以它独特的斗争内容和斗争形式，席卷了大半个中国，震惊了资本主义世界，在中国近代反帝反封建的历史上留下了光辉的一页。

义和团运动失败的客观原因是中外反动势力的联合绞杀，主观原因是"扶清灭洋"中的"扶清"使义和团丧失了应有的警惕，盲目地排外。

革命先驱孙中山

孙中山在同治五年十月初六(1866年11月12日)出生于广东香山县翠亨村的一个农民家庭。祖父孙敬贤是一个靠租种地主土地过活的佃(diàn)农,父亲孙达成曾经漂流到澳门去当鞋匠。孙中山小时候,家里很贫困,他刚六岁,就和姐姐一起上山砍柴,到塘边捞猪草,还帮助父亲干农活、放牛。

孙中山的家庭环境和教育经历,为他后来走上推翻清政府的革命道路埋下了思想的种子。

孙中山有一个哥哥,名叫孙眉,十七岁时即随舅母漂洋出海来到太平洋上的夏威夷。在夏威夷,他经过几年勤苦劳作,成为当地一个新富。1877年,夏威夷政府鉴于孙眉在当地华人中的名望,准许他多招华人来岛大兴垦务。这样,在大批乡亲涌向夏威夷的人潮中,刚满十二岁的孙中山也随母亲登上了海轮。孙中山到夏威夷后就进了一所由英国基督教监理会创办的学校。孙中山天资聪颖,加之学习刻苦努力,因此不但学习成绩优异,而且深得老师和同学们的喜爱。三年后,他以第一名的优异成绩毕业。授奖那天,夏威夷国王亲手把奖品交给他,这是当地华人难得的殊荣。孙眉为此得意至极,为表示褒奖之心,他把自己的一部分财产也转到了孙中山名下,希望孙中山将来同他一道把在夏威夷的产业做大，光宗耀祖。

然而对孙中山来说，学校生活给他最大的好处，还是让他接触了西方文明，大大开阔了眼界。

可是，不久，孙中山与孙眉之间爆发了一场意想不到的冲突。当时，出海在外的人，由于缺乏安全感，一般都很迷信，在孙眉的牧场里、厅堂上就供着关帝的画像。接受了西方思想的孙中山对此很反感，他觉得这样做太愚蠢了，于是就把关帝的画像撕了，气得生性强悍的孙眉把弟弟狠揍了一顿，随即把孙中山送回了老家。孙中山回到老家后，同好友陆皓（hào）东又干出“亵渎（xiè dú，轻慢，冒犯）”木偶神像的事，结果被村人逐出村去，于是他和陆皓东一起加入了基督教。接受洗礼后，牧师为他起了个新名——孙逸仙。

孙中山有这样的哥哥，是他的福气。但他哥哥终究不了解他的志向，他志不在壮大自己的家族产业，而是有着更大更远的理想和追求。

后来，孙眉开始后悔自己的过激言行，觉得当初的行为深深伤害了自己的弟弟，为了补过，他汇了一笔款给父亲，希望他能转手交给弟弟，以资助他继续深造。孙中山万万没有想到生性强悍的大哥，对自己竟有这么深的慈心柔肠，十分感动。1888年春，父亲病重，两兄弟都赶回老家侍奉。在这次久别重逢之中，孙眉终于开始感到弟弟在追求一种伟大的抱负，于是他鼓励弟弟，并真诚地表示愿成为弟弟最有力的支持者。

孙眉对弟弟的态度转变巨大，从不解到理解到鼓励再到支持，处处体现出一个好大哥的豪迈和豁达。

甲午战争失败后，孙中山本着兴起革命的宗旨再次来到夏威夷。孙眉拨出自己的一部分财产给弟弟作为经费，又写了许多信函，分致给那里的华侨亲友们，极力为孙中山的主张进行宣传。

1894年11月，中国第一个革命团体“兴中会”终于在夏威夷诞生了。11月24日，借侨商何宽寓所，召开了第一次会议。最初，入会会员有二十余人。会议通过了由孙中山起草的《兴中会章程》。在入会秘密誓词中，明确提出“驱除鞑虏，恢复中华，创立合众政府”的革命目标。会议推选刘祥、何宽为该会正副主席。兴中会成立后，即进行扩展组织、发展会员工作。几个月内，陆续有一些华侨入会，在一百二十九名会员中，华侨资产阶级占62.5%，自由职业者占11.7%，工人占25.8%。他们均属广东省籍，其中香山县人占56.3%。檀香山兴中会虽然带有地域性，缺乏群众基础，但这是中国近代史上第一个资产阶级革命小团体。它的成立标志着中国资产阶级民主革命运动的开始。针对檀香山兴中会存在的弱点，孙中山着手建立了一个能够采取革命实际行动的指挥部。

兴中会已完全不同于反清的旧式会党，而是一个以在中国开展资产阶级民主革命为职志的政治集团。现有学者发现认为孙中山没有参与兴中会的创立，而是后来加入。

1895年1月，孙中山回到香港，与香港“新学”团体“辅仁文社”（1892年成立）的杨衢（qú）云、谢缵（zuǎn）泰等人协商，筹建香港兴中会。2月21日，香港兴中会正式成立，为避人耳目，对外用“乾亨行”名义做掩护。香港兴中会总会成员和檀香山兴中会有很大不同，它大体由两部分人组成：一部分是具有爱国思想，并有初步资产阶级政治观念的知识分子；另一部分是具有中国传统民族思想的人，以三合会会员为主。其中前一部分人起主导作用。由于香港兴中会成员几乎都是思想比较激进的反清分子，香港兴中会章程中宣布的政治主张，也就比檀香山兴中会激烈得多。章程中除重申严重的民族危机外，着重揭露了清政府的残暴腐败和国内尖锐的阶级矛盾，同时还健全组织规定。这就使兴中会和旧式会党有了鲜明的不同，使它成为一个能够采取革命实际行动的战斗核心。

孙中山领导的兴中会，是一个“驱逐鞑虏，恢复中华”的反清组织。清朝政府视之为大逆不道，于是处心积虑地缉拿孙中山。

“鞑虏”是历史上汉人对中国北方的少数民族如蒙古族、满族等的蔑称。这个革命誓词，是要号召革命志士起来推翻满族政权，恢复汉族政权。

1896年10月11日至23日，孙中山在伦敦遭非法绑架，在清政府驻英公使馆里度过了十三天的“囚犯”生活。营救这位革命先行者的，则是使馆仆人柯尔和豪小姐。这位豪小姐，是位富有正义感的妇女，当时在公使馆任管家。孙中山的仪表气质、忧国忧民的神情，给她留下了深刻的印象。当她听到被派来看管“囚犯”的中国籍仆人们说：“那个被单独关押的人仇视大清皇帝，现在清政府正迫不及待地要砍他的头。”豪小姐敏感地觉得使馆内正在进行着一桩罪恶的勾当，她决定设法营救这位中国“囚犯”。

但公馆内警备很严，除了配备中国籍仆人看管外，还有两名英国看守。看守中有一位清洁工人叫乔汉·柯尔，他也同情孙先生，想给外界报信营救。柯尔将孙中山写给英国老师和挚友康德黎的信交给了豪小姐，豪小姐便于当夜十一点来到了康德黎的住处，从门下塞进一张纸条，告诉了康德黎孙中山的现状。

孙中山获释后，用英文写成了《伦敦蒙难记》一书，在英国出版，披露了这一事件的真相。伦敦蒙难事件，无论是在孙中山的一生中，还是在反对清政府的革命运动中，都产生了重要影响。

自从豪小姐送了这张字条，公使馆外开始形成一股营救孙中山的力量，清政府绑架孙中山的计划破产了。

此后，孙中山继续积极进行资产阶级民主革命运动。

20世纪初，随着国内革命形势不断发展，各地革命团体陆续出现。各革命团体都把推翻清政府作为自己斗争的目标，但在如何推翻以及成功以后怎么办等问题上，彼此间并不完全一致；活动地区也存在一定局限性。因此，组织一个全国性革命大团体，就成了资产阶级革命派的当务之急。1905年7月，孙中山从欧洲到达日本，倡议将革命团体联合起来，建立革命联盟组织。7月30日，召开筹备会议，与会者包括兴中会、华兴会、光复会、科学补习所部分成员，并有留学生中其他团体成员和个人参加，共七十余人。孙中山被推为会议主席，经过反复讨论，决定新成立团体，定名为“中国同盟会”，简称“同盟会”，宗旨为“驱除鞑虏，恢复中华，创立民国，平均地权”。经过二十来天筹备，8月20日下午在东京举行同盟会正式成立大会，出席会员一百余人。大会通过了《同盟会章程》，章程中确认筹备会中已定的革命宗旨，决定设总部于东京，公推孙中山为总理。根据会章规定，采取立法、司法、行政三权分立原则设立机构，总理之下分设执行、评议、司法三部。会章还规定，同盟会在国内外设立九个支部。以《二十世纪之支那》杂志（后改名为《民报》）作为同盟会机关报。同盟会是中国第一个全国性资产阶级革命政党，它的成立，使中国革命运动有了一个统一的领导核心，从而把中国革命推到一个新阶段。

孙中山撰写了《民报》发刊词，第一次提出了三民主义：民族主义、民权主义、民生主义。这是资产阶级民族、民主、革命三大纲领，是当时政治革命的最高奋斗目标，成为当时进步的政治团体（包括文学团体）的旗帜。

孙中山于1910年2月和1911年4月在广州举行两次起义，起义虽遭失败，但震动了国内外，加速了革命进程。

辛亥革命

武昌起义前，中国社会各种矛盾空前激化，人民群众自发的反抗斗争此起彼伏，和资产阶级革命党人连续不断的武装起义相响应。

武汉位于长江中游，是当时仅次于上海的全国第二大城市，也是革命和反革命斗争最激烈的地区之一。革命团体文学社、共进会在湖北新军中开展了卓有成效的宣传和组织工作，积极准备起义。

辛亥革命前武汉的革命形势高涨，革命党人紧张地进行着舆论宣传和军事武装上的准备，保障了武昌起义第一枪的成功打响。

1911年9月上旬，湖广总督瑞澂(sī)奉清政府之命调部分新军入川镇压保路运动，武汉地区的反革命力量减弱。1911年9月14日，在同盟会中部总会的领导下，文学社和共进会决定消除门户之见，联合反清，建立了统一的起义领导机关。军事方面，由蒋翊(yì)武任总指挥，孙武为参谋长；政治方面，由刘公任总理。9月24日，两个革命团体召开第二次联席会议，决议在10月6日(农历八月十五)发动起义，蒋翊武为临时总司令，对各标营的任务也做了安排，并派人约湖南革命党人焦达峰响应。

革命党人的活动引起了湖北统治当局的注意。10月3日，瑞澂召开文武官员防备会议，决定严防督署，革命爆发的前夜，气氛高度紧张，一场改变中国历史的革命运动正在悄悄酝酿，静待爆发的时刻。革命党人的枪口已瞄准了清政府的胸口，那颗结束中国两千多年封建统治的子弹即将出膛。

密巡长江和汉江，实行全城戒严。随后派兵搜查革命机关，收缴士兵子弹，使枪弹分离。鉴于清军已有准备，同盟会的重要领导人黄兴、宋教仁、谭人凤等还未到武汉，所以决定推迟起义。

10月9日，孙武在汉口俄租界配制炸药时，不慎引起爆炸，起义机密泄露，孙武受伤住院，其余人员仓促转移。瑞澂立即下令关闭四城，搜捕革命党人。此时，蒋翊武、刘复基、彭楚藩、杨宏胜等人决定立即发动起义。蒋翊武以临时总指挥的名义起草命令，派人送往各标、营革命党人手中，约定当晚12时，以南湖炮队的炮声为号，城内城外同时起义。但是瑞澂事先已听到风声，便派军警查抄了武昌的各个革命机关，逮捕了刘复基、彭楚藩、杨宏胜等人，蒋翊武逃离武汉。瑞澂下令杀害刘、彭、杨三人，按查获的名册搜捕革命党人。由于武昌戒严，内外交通断绝，起义的命令未及时送到南湖炮队，10月9日晚起义的计划落空。在群龙无首的紧急关头，新军中的革命党人自行联络，约定10月10日晚以枪声为号，按原计划起义。

辛亥革命的第一枪，终于打响了。那一晚，武汉全城沸腾；那一晚，中国举国震荡。革命党人首先占领军械库，无疑是明智的决策，因为拥有充足的枪支弹药，是起义胜利的重要保障。

10月10日晚，新军工程第八营的革命党人打响了起义的第一枪，他们打死了反对起义的军官，夺取中和门附近的楚望台军械库。库内储有步枪数万支，大炮数十门，子弹数十万发。起义军首先占领该库，对武昌起义的胜利起了重要作用。

工程第八营占领楚望台后，陆续集合了两百余人，推举左队队官吴兆麟为临时总指挥。与此同时，驻城外的第二十一混成协辎重队的革命党人也举火为号，发动起义，炮兵营和工程队立即响应，并齐集楚望台。二十九标、三十标的蔡济民、吴醒汉也率领部分士兵冲出营门，赶往楚望台；测绘学堂的近百名学生也迅速向楚望台集中，其他各标营的革命党人也先后率众起义。这时，武昌城内除防守督署等机关的旧军仍企图顽抗外，已有近三千人参加起义。

晚上10点30分，起义军开始分三路进攻。第一路经紫阳桥、王府口街进攻督署后院；第二路从水陆街进攻第八镇司令部及督署翼侧；第三路从津水闸经保安门正街进攻督署前门。同时，令已入城的炮八标在中和门及蛇山占领发射阵地，向督署轰炸。

经过一夜的血战，武昌城内各官署、城门均被起义军控制，宣告了武昌起义的成功。11日晚和12日晨，驻汉口、汉阳的新军也发动了起义，并获得胜利。这一年的革命历史上称为辛亥革命。

革命党人的鲜血换来了革命的成功。辛亥革命为二十世纪中国的历史性进步打开了闸门。二十世纪中国发生了翻天覆地的变化，而这样的变化之所以能够发生，是由辛亥革命拉开的序幕、开启的闸门。

“五四”爱国运动

1914年第一次世界大战爆发，日本借口对德宣战，攻占了中国的青岛和胶济铁路全线，控制了山东省，夺去德国在山东强占的各种权益，包括铁路、矿产、海底电缆等一切动产、不动产和筑路开矿权。

1918年大战结束，德国战败。北京政府和广州军政府联合组成中国代表团，以战胜国的身份参加了在巴黎召开的“和平会议”，提出取消列强在华的各项特权，取消日本帝国主义与袁世凯订立的不平等的“二十一条”条约，归还大战期间日本从德国手中夺去的山东各项权利等要求。巴黎和会在帝国主义列强的操纵下，不但拒绝了中国的要求，还在对德和约上明文规定把德国在山东的特权，全部转让给日本。北京政府的代表竟然准备在“和约”上签字。这一卖国行径很快被留日学生披露，并通电全国，激起了中国人民的强烈反对。

十九世纪末二十世纪初，列强掀起了瓜分中国的狂潮。弱国无外交，中国代表虽以战胜国的身份参加了巴黎和会，但在列强眼里，他们形同偶人，任人操纵。

1919年5月2日，济南三千名工人集聚在北岗子举行讲演会，要求收回青岛。5月3日，北京国民外交协会开会，决定在5月7日召开国民大会，通电全国各地各界共同行动，阻止北京政府代表签约。

5月3日晚，北京大学法科礼堂挤满了学生，除北大全体学生外，还有北京高等师范学校的学生。北大学生代表邓中夏站到讲台上激昂地说："同学们，我们不能再等待下去了，段祺瑞政府是个卖国政府，只会讨好日本主子。我们明天下午1点到天安门前集合，举行学界大示威，以唤起民众，制止签约！"

当时很多思想进步的青年，在认清了卖国政府的真面目后，用自己的方式积极行动起来，投入反帝爱国的斗争中。

1919月5月4日下午1点，北京大学等十三所大专院校三千多名爱国学生汇集到天安门城楼下，像潮水般地涌向外国使馆区东郊民巷。他们一路上振臂高呼："还我山东！""保我主权！""外拿国权，内惩国贼！""取消卖国的二十一条！""拒绝在和约上签字！"等等。

当游行队伍被使馆区的警察拦阻时，学生立即转向赵家楼找老牌卖国贼曹汝霖算账。很快，赵家楼曹公馆挤满了人，"诛卖国贼曹汝霖、章宗祥、陆宗舆"的怒吼声震天动地。正巧，曹汝霖和章宗祥两个人刚从总统府饮宴回来不久。二贼吓得面无人色，体似筛糠，战战兢兢地溜到后院大墙下，企图越墙逃走。曹汝霖在四个仆人的帮助下越墙逃走，章宗祥不敢翻墙，正急得团团转时，被冲进来的学生发现。学生们一把将其揪住，痛打起来，打得章宗祥跪地连连求饶。

痛打卖国贼的激愤场景大快人心，卖国贼在爱国学生面前惶惶然如丧家之犬，其状令人可恨。

学生痛打了章宗祥，但没有抓住曹汝霖，心头怒火难平，就放火把曹汝霖家烧了。爱国学生的这一举动令北京民众无不拍手称快。但北洋军阀段祺瑞竟下令逮捕闹事学生，一下子抓走了三十多名学生。这更激起北京民众的强烈抗议。第二天，北京街头出现了《北京市民宣言》，宣言大力支持学生的爱国行动，要求集会和言论自由。陈独秀、李大钊等亲自撰写声援学生的文章。北京大学开始罢课，并通电全国各界，请求声援。上海、天津、济南、南京、武汉等城市的民众先后集合，抗议政府，声援学生。上海工商界率先罢工罢市，抵制洋货。工厂工人罢工，汽车抛锚，铁路和码头瘫痪，这势头不断向全国各地发展扩大。

后来，“五四”爱国运动的中心由北京转到上海，运动主力由学生转成工人，全国性的反帝反封建运动迅速形成。北京政府为形势所迫，不得不下令免去曹汝霖、章宗祥、陆宗舆三人的职务，并释放被捕的学生。

伟大的“五四”爱国运动从此掀开了中国历史的新篇章，中国无产阶级开始作为一个独立的阶级登上了历史舞台。比中国资产阶级旧民主主义革命气势更为波澜壮阔的中国新民主主义革命的序幕就此拉开了。

“五四运动”之前，中国爆发过的反帝反封建的斗争，都是将主要目标集中于反对封建势力，或盲目排外，没有认清帝国主义的本质。而“五四运动”使中国人民开始觉醒，民族意识逐渐形成。

阅读理解四

1.李自成最终失败的原因是什么？

2.郑成功收复台湾这一事件的原因是什么？

3.康熙平定的三藩分别是哪三藩？康熙平定三藩共用了多少年？

4.鸦片战争对中国历史有什么影响？

5.中日甲午战争是什么原因引起的？

6. 1905年11月，孙中山在《民报》发刊词中，将中国同盟会的政治纲领概括为什么？

7.辛亥革命的历史意义和经验教训分别是什么？

综合测试

一、选择题。

1.下列说法正确的一项是(　　)。

A.黄帝追击蚩尤,被捉住杀了

B.蚩尤的军队抵挡不住黄帝的军队

C.黄帝是传说中最有名的部落

D.蚩尤常常带领他的部落侵掠黄帝的部落

2.下列说法不正确的一项是(　　)。

A.张骞出使西域的任务是联合月氏,共同打击匈奴,费尽周折,最终这个目标也没能实现

B.大宛为了得到汉朝的财物,对张骞提供帮助,送他上路,到达康居

C.月氏被匈奴打败逃往大夏后,对大夏臣服并尊大夏王为君,觉得那里土地肥沃富饶,生活安定,不想再打匈奴

D.张骞先后被匈奴捉住两次,扣留多年,后值匈奴内乱,才逃回汉朝

3.北魏孝文帝是(　　)。

A.匈奴族人　B.鲜卑族人　C.羌族人　D.汉族人

4.下列属于北魏孝文帝改革最积极的作用是(　　)。

A.使北魏的姓氏变得单一　B.使鲜卑族不复存在

C.有利于北魏统治中原　D.加速了北方民族大融合的进程

二、填空题。

1.《卧薪尝胆》一文主要写了________、________两个人物,重点写了__________。

2.孔子,名丘,字______,______时期鲁国人,______家的创始人。

3.纵观《蔡伦造纸》全文,蔡伦是一个__________________的人。

4.《桃园三结义》选自四大名著中的《__________》,文中三个著名人物是__________、__________和__________。

5.毛泽东对成吉思汗的评价是：“______________________。”

6. 郑成功是我国历史上一位非凡的民族英雄。三百多年前，他率领军队驱逐了________殖民者，收复了祖国的神圣领土________。

三、问答题。

1.大禹治水成功的原因是什么？

____

2.“渑池之会”表现出蔺相如是个怎样的人？

____

3.曹操为什么要杀害华佗？

____

4. 为什么李世民会发动“玄武门之变”？

____

5.“安史之乱”有哪些影响？

____

____

四、读图答题。

“丝绸之路”简图

0 500 1000公里

● 发现中国古代织物的地点

1. 依据图示，写出丝绸之路的具体路线。

____

2. 张骞出使西域有何历史意义？

____

3. 历史上各民族之间关系的主流是什么？由古及今，我们应该树立什么样的民族意识？

____

一部华夏人的奋斗史

——《中华上下五千年》读后感

我翻开书册，好像面对着汹涌澎湃的大海，历史的浪潮滚滚而来。民族的文化，在这里凝聚；民族的精神，在这里显现。

我阅读，我与历史人物共席对话；我阅读，我和时代风云同声呼唤。我思，我问：是谁推动着历史的车轮滚滚向前？

我掩卷沉思，我若有所悟。从孔夫子到孙中山，有多少英雄豪杰匡扶正义，有多少志士仁人追寻真理。“路漫漫其修远兮，吾将上下而求索”的屈原，“长风破浪会有时，直挂云帆济沧海”的李白，“先天下之忧而忧，后天下之乐而乐”的范仲淹，“人生自古谁无死，留取丹心照汗青”的文天祥……他们为着民族利益呕心沥血，他们为着民族尊严献身成仁。他们是民族的英雄，他们在为民族的生死存亡而战！

然而，这就是答案吗？历史，就是英雄好汉的演兵场吗？

伟人的话在我耳旁回响：人民，只有人民，才是创造历史的真正动力。

是那些无名的平民，在大泽乡揭竿而起，在虎门湾引水销烟……是那些朴实的百姓，将心血熔炼成兵马俑，用汗水铸就万里长城……是的，是人民的意愿造就了英雄，是人民的力量推动着历史的车轮滚滚向前。

我感慨，我赞叹，那些威名远扬的英雄豪杰，因为他们演绎着人民的壮举，所以他们才在历史的画卷上书写浓重的一笔；那些流芳百世的志士仁人，因为他们呼喊着人民的心声，所以他们才在历史的柱石上镌刻下深沉的印记。

当我翻到书卷的最后一篇——“五四”爱国运动，已是华灯初上时分。

鸦片战争开始，中国人民进行了不屈不挠的斗争，无数仁人志士苦苦探索救国救民的道路。武昌起义的枪声，宣告了封建王朝的灭亡，推动了中国社会的进步。

《中华上下五千年》写到五四运动暂告一段落，但历史却掀开了更为气势磅礴的画面。一个世纪以来，孙中山、毛泽东、邓小平，三位伟人，领导中国人民描绘了宏伟雄浑、绚丽多彩的历史画卷；三座丰碑，显示着古老的中华获得了新生，变换了新貌，走向新的未来。

“数风流人物，还看今朝。”今天，亿万中国人民，正以新的风貌跨入新的世纪。全国人民正豪情满怀、信心百倍，在实现强国富民、民族伟大复兴的道路上，大踏步地奔向全面小康的伟大目标。这就是历史前进的方向，这就是当今历史发展的动力。

作为新世纪的青年，我们决不辜负祖国和人民的殷切期望。要在改革开放和现代化建设的广阔舞台上，充分发挥自己的聪明才智，努力创造无愧于时代和人民的业绩。

这就是历史赋予我们的使命。读了《中华上下五千年》，我们对自己肩负的责任，有了更深刻的体验。

参考答案

阅读理解一

1.凭他呼出的气是流动的气体,所以想象成风;凭他的声音是响的,所以想象成雷;凭他的眼睛发亮,所以想象成太阳和月亮。 2.越国失败了,越王和夫人一起到吴国给吴王当奴隶。越王刻意折磨自己,不忘败兵耻辱,努力翻身;吴王骄傲自满,轻敌。 3.为了让自己不忘记兵败会稽的耻辱。4.宫女们大笑;宫女们又一次大笑;宫女们没有一个敢出声,进退自如,整齐划一。5.蔺相如一升再升,官位居于廉颇之上;廉颇的错误认识;他们共同的爱国思想。6.蔺相如看到秦王侮辱赵王,他为了维护国家尊严,所以逼秦王击缶。7.根本原因:秦朝对百姓施行暴政,社会始终处于高压状态,百姓的怨愤长期积压,日益增长;民不聊生,劳役频繁。直接原因是:陈胜、吴广赴劳役因天气迟到,将受死刑,形势逼迫下揭竿起义。

阅读理解二

1.公元前138年。向西。联络大月氏,东西夹击匈奴。2.学习他有胆、有识、有恒,不畏艰险,勇于开拓,面对困难仍矢志不渝的坚强意志。学习他威武不能屈、贫贱不能移的高尚品质。 3.主观原因是王昭君因为在宫中多年没有机会见到皇上,积怨很深,于是利用这个机会请求朝廷让她出去。客观上,"昭君出塞"如同一条无形的纽带,更密切了西汉王朝与匈奴之间的关系。 4.(1)经济、文化的迅速发展;(2)蔡伦总结前人经验,改进造纸术;(3)汉和帝的大力支持。 5.同心协力,平黄巾之乱,破贼安民。6.黄盖富有战斗经验,观察到曹操的战船紧紧相连,不便于移动和分散。7.曹操方面:没有知己知彼,而且盲目自大,为人多疑。士兵训练不精,在没有完全准备好的情况下发动战争;对所任用将领不信任。周瑜方面:上下一心,众将团结勇敢,富有战斗经验。8.孝文帝的改革立意标新顺应了历史潮流,符合了人民的意愿,加速了北方封建化进程,促进了民族融合,有利于北方经济的恢复与发展,为我国民族融合做出了重大贡献。

阅读理解三

1. 促进了世界文化的传播与发展;火药武器的使用,改变了作战方式,帮助欧洲资产阶级摧毁了封建堡垒,加速了世界历史的发展进程。 2.因为变法触动了大地主大官僚阶级的利益,遭到他们的强烈反对,司马光曾经多次上书皇帝取消新法。同时改革的最主要支持者宋神宗在关键时刻发生了动摇,宋神宗死后司马光出任宰相,彻底废除新法,连很有成效的募役法也被废除。3.王安石变法,皇帝采纳了王安石的建议。而以司马光为代表的保守派便失去了势力。司马光被贬在家，心中愤懑，认为王安石那一套是一派胡言，于是便想从历史中寻找支持自己的证据。于是编写成了《资治通鉴》。 4.善于接受别人的意见，遇到难事不退缩；做事要有耐心；胜败乃兵家常事，成吉思汗不会因为数次攻击失利而气馁，而且失败后冷静地反思总结。 5.(1)废除丞相；(2)设立锦衣卫；(3)设立廷杖制度。 6.红巾军，又称作红军，是蒙元侵占中国末期汉人复国的主要起事力量，最初是与明教、弥勒教、白莲教等民间宗教结合所发动的，因打红旗，头扎红巾，故称作“红巾军”。红巾军北伐沉重地打击了元朝的腐朽统治，加速了其灭亡。 7.明成祖。宣扬国威和到西洋取宝。 8.太平洋和印度洋之间。加强了中国与亚非各国的友好往来和经济交流，而且推动了华侨移居南洋，促进了南洋地区社会经济的发展。

阅读理解四

1.李自成跟刘邦、朱元璋不是一个层次的人，他不是一个战略家。满清铁蹄来势汹汹，他却视而不见，一个劲地跟明朝打。他不拉拢吴三桂就算了，还杀了吴三桂的家人，完全将吴三桂推向了自己的对立面。一开始他就没搞明白真正的劲敌是满清。 2.明朝末年，荷兰侵略者强占了台湾。台湾人民恨透了这伙强盗。 3.三藩是指云南平西王吴三桂、福建靖南王耿精忠、广东平南王尚可喜。从康熙十二年到康熙二十年(1673—1681年)，经过八年的战争，康熙平定了“三藩之乱”。 4.鸦片战争以前，中国是一个独立自主的封建国家，清政府行使全部主权；鸦片战争之后的《南京条约》以及其后的一连串不平等条约，使中国部分主权遭到严重的破坏。鸦片战争开启了中国受西方帝国主义侵略的历史。 5.1894年，朝鲜发生“东学党”起义。应朝鲜国王的请求，清政府派兵入朝，“伐平内乱”。对朝鲜觊觎已久的日本，借口保护使馆和侨民，趁机出兵朝鲜。起义平息后，清政府建议中日两国同时撤兵，日本拒不接受。7月25日，日本不宣而战，在牙山口外的丰岛海面突袭中国运兵船，并向驻守牙山的清军发起攻击，挑起蓄谋已久的侵华战争。 6.三大主义：民族主义、民权主义、民生主义。 7.历史意义：辛亥革命是中国近代历史上一次伟大的资产阶级民主革命，它推翻了清王朝，结束了中国两千多年的封建君主专制制度，建立起资产阶级共和国，使人民获得了民主和自由的权利，民主共和观念深入人心，也打击了帝国主义的势力。经验教训：由于资产阶级的局限性，辛亥革命未能完成反帝反封建的革命任务。

综合测试

一、1. B 2. C 3. B 4. D

二、1. 勾践 夫差 勾践 2. 仲尼 春秋 儒 3. 做事认真、敢于创新 4. 三国演义 刘备 关羽 张飞 5. 一代天骄，成吉思汗，只识弯弓射大雕 6.荷兰 台湾

三、1.科学的方法，坚定的信念，坚持不懈、大公无私的精神。 2.蔺相如是个勇敢机智、不畏强暴的人。 3.华佗不肯留下来为曹操治病，激怒了曹操，所以曹操把华佗杀害了。 4.唐朝刚刚建立不久，李世民和皇太子李建成之间，为争夺皇位展开了激烈的斗争。这时，正好突厥入侵，李建成和李元吉策划，先夺了李世民的兵权，等出征的时候再把他杀掉。消息很快便传到李世民那里，他急忙找来长孙无忌、尉迟敬德商量对策，决定先发制人。 5.“安史之乱”是唐朝由盛到衰的转折点。唐朝中央权力日益削弱，形成了藩镇割据的局面；唐朝失掉了优势，不断受到少数民族政权的侵犯；使黄河流域经济遭到严重破坏，中国经济重心南移，南方经济日益超过北方。

四、1.具体路线：长安→河西走廊（今新疆境内）→西亚→欧洲。 2.张骞出使西域，沟通了东西方经济文化交流，开通了丝绸之路；张骞出使西域后，西汉建立西域都护府对西域进行了有效的管理。 3.主流是和平与发展，我们应该树立和平友好、民族平等、友好交往的意识。

读书心得